Im Land von Okavango und Chobe

EINE FOTOREISE DURCH BOTSWANA

Im Land von Okavango und Chobe

EINE FOTOREISE DURCH BOTSWANA
PETER UND BEVERLY PICKFORD

KÖNEMANN

Inhalt

Widmung 9

Vorbemerkung 11

Vorworte 13

Die große Reise

Teil 1: Auf der Straße nach Norden 19

Teil 2: Auf dem Fluß nach Süden 31

Die grünen Adern des Flusses 43

Die Gärten Gottes 73

Im Reich der Flußpferde 109

Eine Reise durch die Wüste 145

Elefanten – die stillen Riesen Afrikas 175

Danksagung und Schlußwort 205

Informationen für Touristen 206

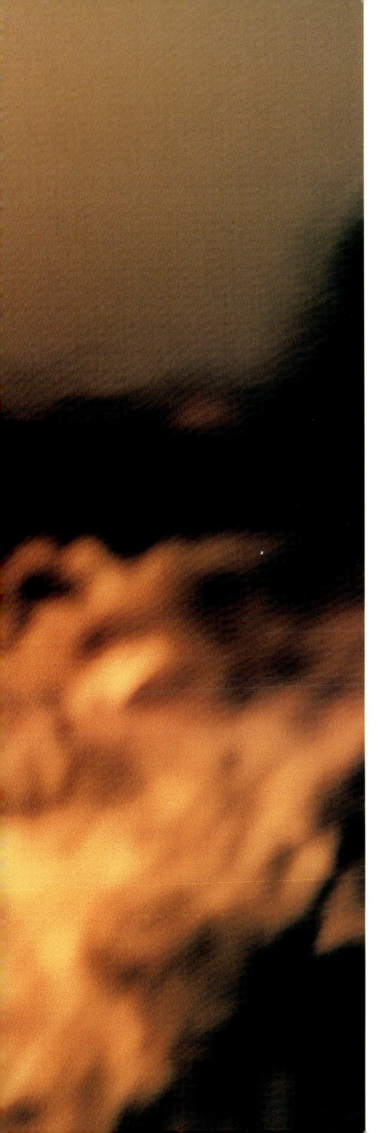

Widmung

Während wir gemeinsam mit einem Freund in das klare Wasser eines namenlosen Flußlaufes im Okavango-Delta blickten, kamen wir auf das Thema Fische. Dabei erwähnte er, daß es noch niemanden gelungen war, einen Weißhai erfolgreich in Gefangenschaft zu halten. Die Tiere starben nicht etwa aufgrund von Krankheiten, Nahrungsmangel oder nachlässiger Pflege, sondern an starkem geistigen Verfall. Wenn man einen Weißhai seiner Freiheit beraubt, nimmt man ihm einen so entscheidenden Bestandteil seines Lebens, daß die Seele des Hais ungeachtet seiner ausgeprägten Zähigkeit, seiner Widerspenstigkeit und seines wilden, einzigartigen Wesens zugrundegeht und der Körper zwangsläufig nachfolgt. Trotz aller Bemühungen hat bisher kein Weißhai in Gefangenschaft überlebt.

Vor längerer Zeit stießen wir auf einen Elefanten, der bei einem Abschuß verschont worden war und nun Ketten an den Beinen trug. Zwar kannte der Dickhäuter Sonnenschein und Regen, frisches Laub, Schlammsuhlen und die Gesellschaft anderer Elefanten, und doch war er nur der Schatten eines Elefanten. Eine große Mattigkeit hatte ihn befallen, und seine graue, schwere Haut hing wie Pergament über dem ausgemergelten Knochengerüst. Seine Schwermut trat so spürbar hervor, daß jede Begegnung mit ihm, ja schon der alleinige Gedanke an die Kreatur, uns traurig stimmte; denn es war mehr als offensichtlich, daß seine Seele ohne Freiheit so stark verkümmert war, daß er den Tod herbeisehnte.

Auch trafen wir auf Männer und Frauen, die nach ihren eigenen Gesetzen in der Wildnis lebten. Trotz des Elends und der widrigen Lebensumstände beobachteten wir, daß sie tatsächlich nur unter einem Mangel litten – unter der Beschneidung ihrer Freiheit durch das Vorrücken der Zivilisation.

Eines Tages werden wir alle natürlichen Lebensräume dieser Erde verdrängt haben und mit ihnen all jene wilden Kreaturen, die in dieser Freiheit gelebt haben. Vielleicht wird uns erst dann bewußt werden, daß der Sieg des Fortschritts schal schmeckt, da man nicht erobern kann, was man getötet hat.

Daher widmen wir dieses Buch dem Weißhai und allen anderen Geschöpfen – ob Mensch oder Tier –, für die ihre natürliche Freiheit genauso wichtig ist wie die Luft zum Atmen.

PETER UND BEVERLY PICKFORD

AUGUST 1998

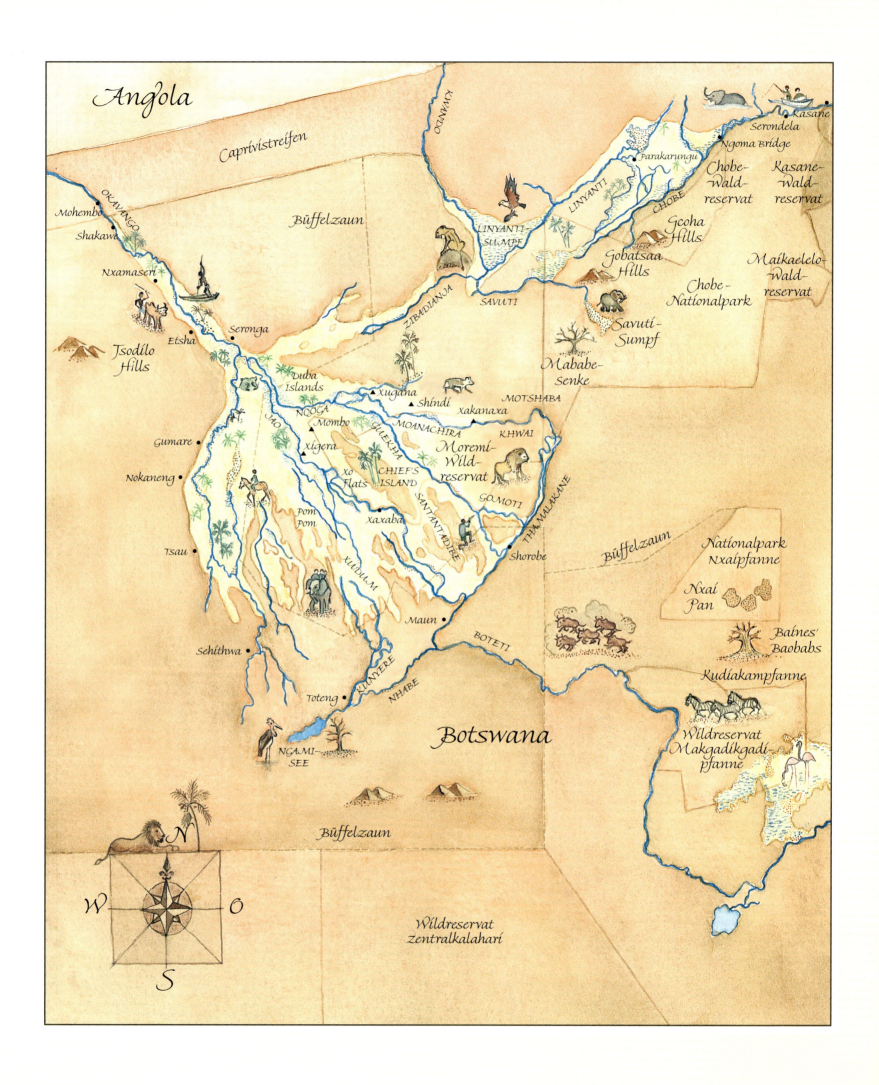

Vorbemerkung

In seinem Buch *The Tree Where Man Was Born* stellt Peter Matthiessen fest:
»Die Wildtiere, zu deren Beobachtung ich nach Afrika kam, sind in ihrer Mannigfaltigkeit
und Farbenpracht einfach atemberaubend, und ich glaubte eine Zeitlang,
daß dieser flüchtige Einblick in die Wunder der Erde in mir dieses Empfinden auslöste,
ein Gefühl von Ursprung, Unschuld und Unerklärlichem – so als ob mir auf wunderbare
Weise ein Teil meiner Kindheit wiedererweckt würde. Vielleicht ist es auch das
Bewußtsein, daß hier in Afrika, südlich der Sahara, unsere Art ins Leben gerufen wurde.
Aber da war auch noch etwas anderes, das mich schon vor Jahren innerlich unruhig
stimmte: die Ruhe auf diesem alten Kontinent, der Widerhall einer reichen
Vergangenheit, das Bevorstehen einer unbekannten Zukunft
– eine Vielzahl vergangener, gegenwärtiger und zukünftiger Geschehnisse –
ja, ganze Landschaften stehen vor einer Veränderung.«
Eine Reise beinhaltet stets zwei Komponenten: man verläßt einen Ort und fährt auf
ein Ziel zu. Bei der hier geschilderten Reise war uns das Ziel wichtig, nicht das Wegfahren –
denn letzteres bedeutet lediglich, Bekanntes zurückzulassen, während ein Ziel zu haben
immer Hoffnung beinhaltet. Überdies assoziiert man mit der Fahrt an einen bekannten
Ort auch eine konkrete Vorstellung. Bei der Rückkehr zum Okavango, mit dem ich zahlreiche Jugenderinnerungen verbinde, hatte ich nicht bedacht, daß sich sowohl die Orte
meiner Erinnerung wie auch ich selbst mich verändert hatten.
Das Buch, das Beverly und ich schreiben wollten, wird es nie geben, weil das
Paradies, das in unseren Köpfen steckte, viel zu unberührt war, um der Wirklichkeit
zu entsprechen, und statt dessen fanden wir eine ganz andere Realität
vor – die vielleicht sogar eine Spur faszinierender ausfiel.
In diesem Buch haben wir versucht, vor allem das Vorhandene zu
beschreiben, ohne Dinge zu werten oder zu beschönigen;
denn in den Jahren, die wir in Botswana verbrachten, haben wir gelernt,
daß nicht allein der Sonnenaufgang einen Tag bestimmt, sondern auch Hitze,
Wind, Wolken und Regen und sogar der Abend.

ANMERKUNG DER AUTOREN

Aus erzählerischen Gründen haben wir einige Schauplätze und Ereignisse
nicht in chronologischer Reihenfolge erwähnt.

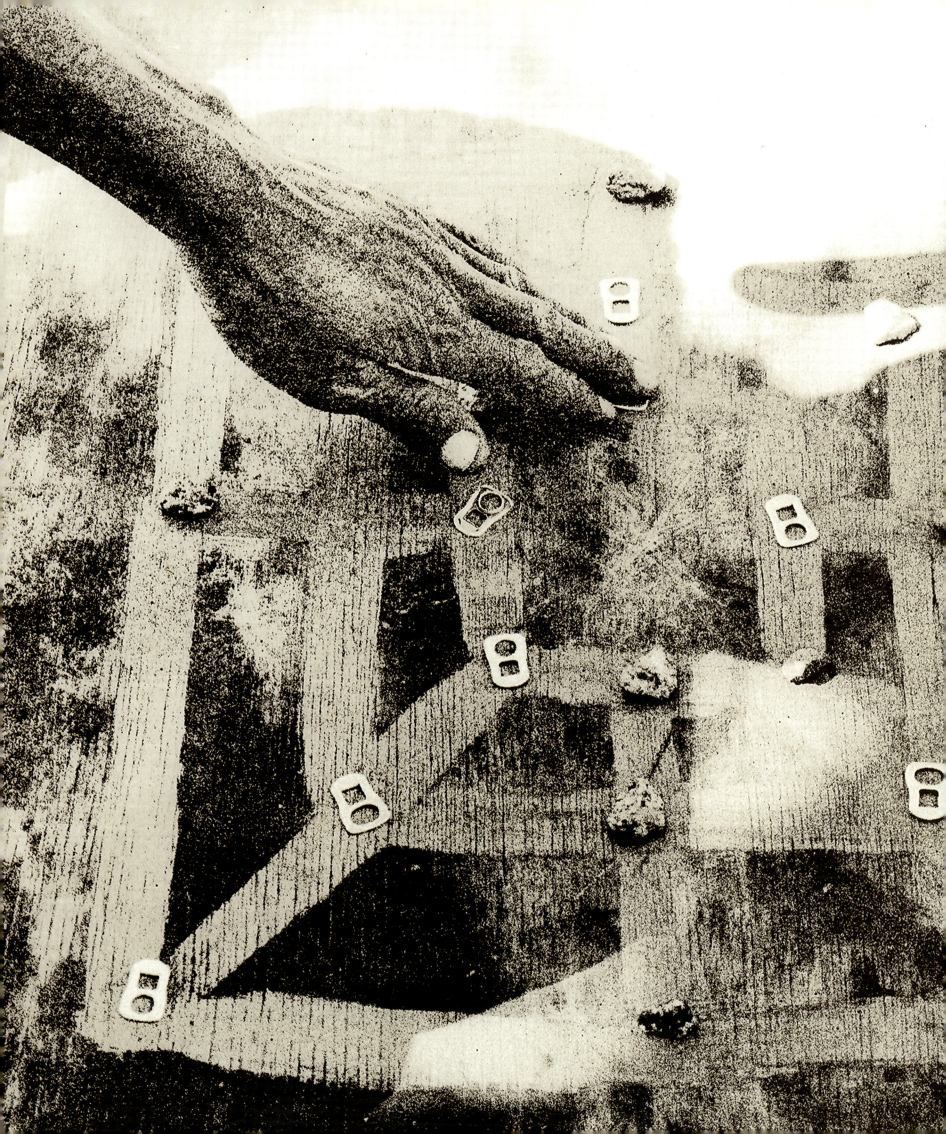

Vorworte

Im Wechselspiel von Licht und Schatten macht ein Mühlespieler einen weiteren Zug in dieser afrikanischen Variante des uralten Brettspiels – in diesem Fall werden Steine und Blechlaschen als Spielsteine verwendet. Jeder Spieler bringt seinen eigenen Stil in das Spiel ein – manche handeln bedacht und überdenken ihre Züge wie Schachprofis, andere ziehen mit ruckartigen, überschwenglichen Gesten und klatschen ihre Spielfiguren laut aufs Brett. Ähnlich verhält es sich mit den Menschen des Okavango-Deltas – jeder versteht seine Heimat auf individuelle Art und Weise. Aus diesem Grund baten wir keine Berühmtheit – sprich, keinen Profispieler –, das Vorwort zu diesem Buch zu schreiben, sondern gingen willkürlich auf Leute aus dem Alltag zu – eben auf die ganz normalen »Spieler«.

JIMMY K BONTSIBOKAE
Mitarbeiter im Elefantensafari-Camp von Abu

»1955 erzählte mir meine Großmutter, daß ihr Volk vor vielen, vielen Jahren die Tsodilo-Hügel verließ und an den Okavango kam. Sie suchten nach Ton, um daraus Griffe für ihre Klingen, Spaten, Äxte, Beile und Rasierklingen herzustellen. Diese Leute hatten sehr großen Respekt vor alten Menschen und hörten genau auf das, was ihnen ihre Eltern sagten. Einer dieser Alten, Mokoko Resheku, der in Seronga lebt, kann sich noch gut an die Zeit erinnern, als hier noch alles ein Feuchtgebiet war.

Daran glaube ich – daß die Menschen von den Tsodilo-Hügel kamen, um den Okavango zu finden –, und das werde ich so weitererzählen.

In der Sprache der HaMbukushu bedeutet das Wort Okavango ›etwas, das man gesucht und gefunden hat, und worüber man nun glücklich ist.‹«

MOTSEWA BOLOT MATIHO
Häuptlingsfrau in Khwai, einem Dorf der Flußbuschmänner

»Ich wurde in Khwai im Okavango-Delta geboren. Hier war es seit meiner Geburt immer sehr schön. Dies ist meine gewohnte Umgebung, und ich lebe sehr gerne hier.

Wenn mir jemand sagte, ich müsse von hier fort, dann könnte ich das nicht. Das ist meine Heimat, und es wäre für mich oder meine Familie unmöglich, hier wegzuziehen. Von hier bis zu den Teichen von Dombo Hippo, wo ich einst lebte, das ist mein Zuhause. Ich glaube, daß ich mit einem anderen Leben nicht zurechtkäme, weil ich so lange hier gelebt habe.

Ich esse meist Maisbrei, den ich mir kaufen kann, weil ich Stroh zum Dachdecken fertige und verkaufe oder Körbe flechte, die ich dann in Khwai an Touristen verkaufe. Ich esse auch Wild, das wir so jagen, wie das Gesetz es erlaubt. Mir geht es jedenfalls gut.

Das einzige, was mich traurig macht, ist, daß mein Volk nicht mehr wie früher als Jäger und Sammler leben kann.«

ISHMAIL MOGAMISI
Safariführer in der Chobe Game Lodge

»Ich wurde 1964 in Kachikao im Distrikt Chobe geboren.

Meine gesamte Kindheit verbrachte ich in diesem Gebiet mit Dingen, die die meisten Jungen so tun: ich angelte, schwamm im Chobe und jagte Vögel und Kleinwild.

Mittlerweile hat sich viel verändert, es wurden mehr Hotels gebaut, ein Flughafen, Asphaltstraßen, noch mehr Häuser und so weiter. Eine weitere – wenn auch natürliche – Veränderung war, daß der Liambezi-See austrocknete, in dem die Einheimischen früher viele Fische fingen.

Am Chobe wird nach wie vor gefischt, jedoch wird die Fischerei heute von den Behörden überwacht, um eine Überfischung zu verhindern. Aufgrund der weltweiten Tourismuswerbung kennen viele Menschen das Chobe-Gebiet heute besser.

Ich bin sehr stolz, daß ich hier aufgewachsen bin und Zeuge jener Entwicklungen war, die hier im Laufe der Jahre stattgefunden haben, vor allem in der Tourismusindustrie. Zur Zeit arbeite ich als Touristenführer an der Chobe Game Lodge und bin sehr glücklich darüber, im Tourismus tätig zu sein und mit meiner Familie und meinen Freunden daran teilzuhaben.

Ich hoffe inständig, daß diese Region in Zukunft nicht über die Maßen genutzt wird.«

VORWORTE

PHURAKI NGORO
Einbaumlenker und Aushilfe im Nxamaseri Fishing Camp

»Der Okavango ist ein wunderbarer Ort für die Menschen. Wenn der Fluß fließt und uns frisches Wasser bringt, können wir fischen und fangen dabei viele Fische.

So ist das Leben am Okavango. Er gibt mir Arbeit und ist ein sehr, sehr guter Ort zum Leben. Wir leben hier sehr glücklich und bleiben gerne hier.

Ich freue mich sehr, daß ich Ihnen dies erzählen kann.«

WILLIE PHILLIPS
Berufsjäger, Naturliebhaber und Führer

»Ich habe den Okavango erstmals 1955 gesehen und ihn seither nicht mehr verlassen. Als ich zum ersten Mal hierher kam, beeindruckten mich die Freiheit und Sauberkeit dieses Ortes und seine unberührte Natur zutiefst. Heute ist das anders, und das ist sehr traurig. So gab es beispielsweise genau hier in Maun früher Büffelherden.

Das Delta zieht einen bestimmten Menschentyp an – viele verschiedene Nationalitäten und Persönlichkeiten, doch sind wir alle vom gleichen Schlag. Die Frauen in Maun sind stark, arbeiten hart und haben gerne Spaß; sie sind Überlebenskünstlerinnen. Mit den Männern verhält es sich genauso: Sie sind von sehr robustem, zähem Charakter.

Man muß schon Individualist sein, um hier zu überleben. Wenn Schwierigkeiten auftreten und es manchmal Tage gibt, an denen man sich wirklich schlecht fühlt, dann macht man einfach weiter und gibt nicht auf. Du bist hier nicht nur eine Nummer in einem Computer. Hier ist man so, wie man ist und darf dies auch so sein. Hier stellen wir Leute nicht als ›Herr Sowieso‹ oder ›Frau Sowieso‹ vor – ganz gleich, woher du kommst, es zählt nur deine Person.

Ich kann mich in meinen Landrover setzen und innerhalb von ein, zwei Stunden völlig alleine sein. Ich kann hinaus in die Wildnis gehen, und deshalb werde ich diesen Ort auch nie verlassen; ich kann sein, wie ich bin, und das bedeutet für mich Freiheit.

Jetzt werde ich Maun verlassen, weil hier so viel Plastikmüll herumliegt – schließlich kann ich nicht jeden einzelnen Schnipsel allein aufheben, und die Menschen kümmern sich nicht mehr darum. Ich werde in ein Gebiet weiter im Norden ziehen, in dem die Jagd erlaubt ist und wo zwar Menschen leben, aber nur wenige; dieses Gebiet kann ich sauber halten und mich darum kümmern, daß es aussieht und man sich vorkommt wie vor 30 Jahren. Ich werde die Jagd in einem Gebiet kontrollieren und alleine das Sagen haben, wer dort was jagen darf.

Die einzige Möglichkeit, ein Gebiet zu retten, besteht meiner Meinung nach darin, daß einzelne Menschen die Verantwortung für ein Gebiet übernehmen und nur so weit Nutzen daraus ziehen, wie dies vertretbar ist.«

MUNGU SIMATA
Führer der Flußsafari an der Chobe Game Lodge

»Ich wurde 1940 in Sambia geboren und kam 1955 auf der Suche nach einem Job nach Botswana. Mir gefiel es hier, und so beschloß ich zu bleiben. Ich heiratete eine junge Motswana-Frau und wurde eingebürgert. Nun lebe ich mit meiner Frau und meinen Kindern in Kasane, wo ich auch arbeite.

Selbst wenn meine Arbeitsstelle und meine Familie weit weg wären und ich sie nicht hierher holen könnte, würde ich in Kasane bleiben, weil ich mit dem Chobe verbunden bin. Ich würde mich niemals wohl fühlen, wenn ich von hier fortginge. Ich würde meine Familie besuchen, mich um meine Arbeit kümmern und dann so schnell wie möglich wieder zum Chobe zurückkehren.

Besonders verbunden fühle ich mit den Wildtieren und dem Wasser, denn die Tiere sind auf das Wasser angewiesen.

Ich werde nie irgendwo anders hin gehen, weil dies mein Zuhause ist.«

ELAINE PRICE
vom Shakawe Fishing Camp

»Das Okavango-Delta ist von unschätzbarem Wert für die Vielfalt der Lebewesen, die von ihm leben. Eine derart natürliche Mannigfaltigkeit ist ein wertvolles Gut, das in dieser Welt des raschen Fortschritts sehr leicht zerstört werden kann.

Während der letzten 21 Jahre meines Lebens, in denen ich im Pfannenstiel des Deltas lebte, habe ich festgestellt, daß dies ein Gebiet mit einer eigenen Ordnung ist, voller Frieden und wilder Schönheit. Ich empfinde es als seltenes Privileg, daß ich die Gelegenheit hatte, eine enge Beziehung zur Natur aufzubauen und dadurch gelegentlich die Komplexität eines solchen Ökosystems ansatzweise zu verstehen.

Die Natur hier ist unberührt, und ich kann nur hoffen, daß der Okavango so rein bleibt, daß auch alle, die nach uns kommen, von ihm leben können.

Meine Liebe zum Okavango ist zu tief, um sie in Worte zu fassen.«

LLOYD WILMOT
von Lloyd's Camp

»Der Name ›Okavango‹ erweckt in den Gedanken eine Flut von Bildern und bittersüßen Erinnerungen. Okavango ist ein Name, ein Ort, eine Erfahrung – ein Irrläufer der Natur in einer Welt aus Sand. Er ist ein Naturwunder von vergänglicher Schönheit, dessen lebensspendendes Wasser ein empfindliches lebendiges Netzwerk nährt.

Nur wenige Menschen gingen vom Okavango fort, ohne von seiner Schönheit bewegt, erbaut oder inspiriert zu werden. Der Okavango ist eine Bereicherung der Seele, die in Menschen die Erinnerung an das Paradies erweckt, das wir zu Anbeginn der Zeit verließen.

Die Erinnerungen an den Okavango bleiben im Gedächtnis lebendig: Palmwedel im Wind, das Quaken der Frösche, der Schrei eines Reihers in der Nacht. In meiner Erinnerung erklingen Stimmen im Sonnenuntergang, glühen die Kohlen des Lagerfeuers oder zieht der Rauchgeruch des Feuerholzes vorbei, der sich mit der schweren feuchten Luft des Sumpfes vermischt.

Kein Mensch kann je die kristallklaren Ströme, die zarten Seerosen, die einmaligen Sonnenuntergänge und den von Blättern herabtropfenden Regen vergessen.

Im Andenken an den Okavango ist es mein tiefster Wunsch, daß er für immer so erhalten bleibt, damit er auch anderen schenken kann, was er mir gegeben hat.«

MELEKO SETSWALO
alias »Alec«, Safariführer in Chobe Chilwero

»Es scheint so, als würde der Okavango sterben. Wenn ich so große Flüsse wie etwa in Francistown sehe, die kein Wasser führen, zum Beispiel der Shashe und andere, befürchte ich immer, daß es dem Okavango ähnlich ergehen wird.

Als ich noch als Kind in Shakawe lebte, wuchs ich zusammen mit Mark Kariakou auf. Wir spielten oft mit einem Motorboot, fuhren bis in die Mitte des Okavangos und versuchten, bis auf den Grund zu tauchen, doch gelang es uns nie.

Heute ist an dieser Stelle eine Insel entstanden. Dort wird immer mehr Sand angeschwemmt ... Wasser gibt es dort keines mehr.

Ich erinnere mich daran, daß irgendwann einmal die Grundschule in Nxamaseri unter Wasser stand. In den Klassenzimmern schwammen Krokodile umher und fingen Fische.

Ich mache mir jetzt große Sorgen um die Zukunft der Tiere, weil es dort kein Wasser mehr gibt. Hier in Chobe sind alle Tiere zusammengepfercht, weil es die einzige Wasserstelle weit und breit ist. Wenn die Regierung auch hier anfängt, Wasser zu entnehmen, dann wird es bald gar kein Wasser mehr für die Wildtiere geben.

Ich habe wirklich große Angst. Für die Zukunft setze ich auf die Erziehung unserer Kinder, damit sie mehr Interesse an den Wildtieren zeigen. Denn als wir aufwuchsen, wußte ich nicht, daß diese Tiere wichtig und schützenswert sind.

Vielleicht liegt es daran, daß ich jetzt Christ bin und dies auch bedeutet, daß ich Zuneigung zu den Tieren empfinde.

Als ich aufwuchs, war es für mich völlig normal, hier ein Vogelnest zu plündern, dort ein Huhn totzuschlagen und ähnliches zu machen. Mir machte das Spaß. Wenn ich jedoch heute sehe, daß ein Kind so etwas macht, bin ich darüber sehr unglücklich, und das passiert mir sogar dann, wenn mir jemand erzählt, daß er einen Büffel oder Löwen – vor allem einen Löwen – geschossen hat.

Hier in Chobe lebten vier Löwen. Zwei von ihnen wurden erschossen. Mir gefiel das überhaupt nicht, da ich mich mit Tieren, vor allem mit Löwen, irgendwie geistig verbunden fühlte – man könnte schon fast von Freundschaft sprechen. Einen ganzen Monat lang fühlte ich mich schlecht. Stellen Sie sich bitte einmal vor, wie kann man einen Löwen erschießen, der zwei Meter weit weg gelebt hat? Ich habe die Menschen im Busch auch gefragt: ›Hätte euch nicht etwas Besseres einfallen können?‹

In Shakawe, wo ich heute lebe, gibt es keine Tiere. Die meiste Zeit verbringe ich dort mit den Buschmännern. Wir haben alles gejagt, Spießböcke, Pferdeantilopen, Rappenantilopen, Kudus ... Mittlerweile kommen sogar die Kudus nur noch nachts zum Vorschein. Man sieht sie nur noch in der Dunkelheit, weil alle anderen abgeschossen wurden.

Meine Grundschulzeit verbrachte ich 1963 an der Schule in Tsau. Zwischen Nokaneng und Gumare lebten eine Menge Büffel, eine riesige Menge, wirklich viele Büffel. Damals gab es keine Jagdbeschränkungen. Man konnte sie in größeren Mengen einfach so vom Lastwagen herab abknallen. Wenn man heute dorthin geht, findet man keinen einzigen Büffel mehr, da ist gar nichts mehr übrig.

Wer heute in die Gegend zwischen Tsau und Nokaneng kommt, findet dort nur noch tote Bäume – alles Kameldornbäume, *Acacia erioloba* –, denn man hat damals die Baumrinde eingekerbt, um die Tsetsefliege zu bekämpfen. Aus diesem Grunde sind alle Tiere von hier weggezogen; alle Büffel wanderten ostwärts ins Delta ab.

Die meisten von uns Batswana bemerken nicht, daß alle diese Dinge um uns herum verschwinden – sie verschwinden völlig, doch wir nehmen davon keine Notiz. Die meisten bemerken es gar nicht, sie schießen und essen, und das war's. Dort, wo mein Vieh weidet, gibt es beispielsweise nur noch Steppenducker; das sind die einzigen wilden Tiere, doch die Leute schießen sie trotzdem ab.

Mein Vater war ein Jäger. Vor wenigen Jahren war es normal, daß er unter einem großen schattigen Baum saß, und wenn einige Kudus vorbeizogen, rief er irgendein Kind und bat es, ihm sein Gewehr zu bringen, und schon gab es Fleisch für das ganze Dorf.

Die Ausbildung der Kinder ist wichtig, denn dadurch lernen sie, ihre Meinung zu sagen, wenn sie mit ihren Eltern zusammen sind. Ich denke mal, daß es gut werden kann, wenn wir, von der Regierung unterstützt, den Kindern in den Schulen, vor allem in den Grundschulen, etwas über die heimische Tierwelt beibringen.

Sehen Sie, wir Batswana – wie ich und alle meine Verwandten zu Hause –, denken größtenteils, daß man alles, was man sieht, auch essen kann. Selbst meine Kinder – ich verbiete ihnen, Tiere mit einer Steinschleuder zu töten. Ich mag das nicht.

Weil wir nicht an die Zukunft denken, erkennen wir nicht, daß alle Wildtiere verschwinden. Manchmal denke ich, daß es besser werden könnte, und so versuche ich, mich irgendwie um die Kinder zu bemühen, damit sie ein Interesse an der Natur und ihren Bewohnern bekommen.

Können Sie sich vorstellen, daß sie keine Ahnung haben, wie das Wappentier von Botswana aussieht? Da können mir nicht einmal die Lehrer eine Antwort geben.

Wirklich, das ist schon ein Ding!«

JOMO BONTSHETE
Wildhüter im Naturreservat Moremi

»Das Okavango-Delta im Norden von Botswana ist einmalig, weil es im Gegensatz zu jedem anderen Delta in der Wüste versickert.

Botswana ist nicht dicht besiedelt, und darum haben die Menschen kaum einen Einfluß auf den Okavango, und dieser Zustand sollte beibehalten werden, damit der Fluß auch in Zukunft existieren kann. Weil das Okavangogebiet aufgrund der hier ansässigen, vielfältigen Tierwelt eine große Touristenattraktion darstellt, sollte die gesamte Region in das bereits bestehende System der Schutzgebiete eingegliedert und zum Weltnaturerbe erklärt werden.«

P. J. BESTELINK
Okavango Horse Safari und Nxamaseri Fishing Lodge

»Das ganze Leben hier am Okavango hängt vom Wasserstand ab. Jeder Aspekt des Lebens entfaltet sich bei einem bestimmten Wasserstand. Jedes Jahr ist anders, ein unendliches Puzzle der Natur, in dem der Mensch eigentlich keinerlei Rolle spielen sollte.

Mein innigster Wunsch für den Okavango ist, daß er zum Weltnaturerbe erklärt wird; das wird ihn hoffentlich vor allen Gefahren der Zukunft bewahren.«

Links: *»Das Leben ist schwer« – von Zeit zu Zeit begegneten wir diesem Eselskarren, und jedes Mal stimmte er uns nachdenklich.*
Gegenüberliegende Seite: *Ein alter Mann wäscht sein Gesicht mit etwas Wasser aus einer Tasse.*

Auf der Straße nach Norden

Nach Abfertigung unserer Papiere waren wir schon bald wieder unterwegs. Von nun an war die Erde rot. Hinter dem Draht des Grenzpostens saßen ein paar Leute auf ausrangierten Schulbänken, den Rücken an die Pulte gelehnt. Im Schatten eines dürren Dornbaums döste ein Hund, dessen Fell die gleiche Farbe wie der Boden besaß. Etwas abseits der Straße ragte auf einer offenen Fläche ein Laden empor, gnadenlos der Sonne ausgesetzt. Stille beherrschte den Ort.

Kurz darauf versperrte uns ein gelber Schlagbaum des »Büffelzauns« den Weg. Bei unserer Ankunft wurde er von einem Bediensteten geöffnet, und wir ratterten ohne anzuhalten über die Metallstäbe des Gitters. Der Mann schaute zwar den Wagen an, beachtete uns aber nicht, und im Rückspiegel sah ich, wie er den Schlagbaum wieder schloß und zu seinem Hocker im Schatten der Bäume zurückging.

Die neue, meist gerade verlaufende Straße war kaum befahren, und nur ab und zu wurde unser Wagen vom Fahrtwind eines entgegenkommenden Lastwagens durchgerüttelt. Ein Stück weiter passierten wir eine Behelfsunterkunft, eine Art Verhau aus krummen Stöcken, über die man eine karierte Decke geworfen hatte. Sie wirkte verlassen. Kurz darauf erhoben sich neben der Straße mehrere solcher Hütten. Mit Laubzweigen in der Hand scheuchten ein paar Kinder aus dem Gras am Straßenrand Heuschrecken auf. Verschiedene Kleidungsstücke hingen ordentlich aufgereiht über dem Stacheldraht des Zaunes. Die Kinder erwischten die Heuschrecken im Flug, zerschlugen sie am Boden und warfen sie dann in eine glänzende Blechdose.

Zunächst sah ich nur vereinzelt Raupen auf der Straße, doch plötzlich krabbelten sie zu Hunderten über den Asphalt. »Mopanewürmer«, bemerkte ich.

Später sahen wir noch viele dieser Behelfsunterkünfte am Straßenrand, vor denen Frauen hockten und zerdrückte Mopanewürmer auf Decken oder verschossenen Stoffetzen zum Trocknen ausbreiteten.

Kurz nach Einbruch der Dunkelheit hielten wir an und legten uns in der Stille der Bäume zum Schlafen. Mit geschlossenen Augen versuchte ich, an jene Hütten zu denken, die nun weit hinter uns lagen; dabei malte ich mir aus, wie es wohl sein mag, inmitten seines Abendessens zu schlafen, das überall umherkrabbelt und leise, aber unaufhörlich im Gras raschelt – ein stetes Geräusch, das in der Dunkelheit noch zunimmt.

»Ich versuche, mich an all das zu erinnern«, meinte Beverly am nächsten Morgen, als wir der Dämmerung entgegen fuhren, »was uns vor nur wenigen Tagen noch so wichtig erschien – Dinge, die mich aufregten oder mir fast den Schlaf raubten –, und stell dir vor, ich kann mich nicht mehr daran erinnern.«

»Ja, es ist schon ein wunderbares Gefühl der Befreiung«, stimmte ich zu, da es mir genauso erging. »Wenn man nur Zeit und Ort zum Nachdenken findet, dann wirken die Lappalien des Alltags nur noch belanglos und verblassen angesichts aller wirklich wichtigen Ereignisse.«

»Einfach verrückt«, meinte Beverly, »daß wir bis vor kurzem tatsächlich so gestreßt waren, und nun fällt mir nicht einmal mehr ein, warum.«

»Gestreßt ist offenbar zu einem echten Schlagwort geworden«, stellte ich fest, »ein Synonym dafür, daß man stärker als andere Menschen gefragt ist oder einfach nur wichtig ist. Im Prinzip also nur ein Synonym für ›erfolgreich‹. Was für eine absonderliche Idee!«

Vorherige Seiten:
Die grellbunten Mopanewürmer ernähren sich ausschließlich von den wachsüberzogenen Blättern der Mopanebäume und können in kürzester Zeit in solchen Massen auftreten, daß sie dann ganze Baumbestände kahlfressen.

Vom Rand der Straße beobachtete uns reglos ein Jugendlicher, mit dem Rücken gegen den schiefen Pfosten eines Blechschildes gelehnt, auf dem in großen weißen Lettern das Wort »Bushaltestelle« prangte. Am ganzen Straßenrand gab es unzählige solcher inoffiziellen »Bushaltestellen«. Die Busse, die ich gesehen hatte, ließen sie aber buchstäblich links liegen – sogar dann, wenn Menschen eilig durch den Sand zur Haltestelle stapften und den Bus mit wilden Gesten und Rufen zum Anhalten zu bewegen versuchten. Manche Schilder trugen den Namen des Eigentümers, wie etwa »Bus Stop, Mr. Magadisu, Cattle Post«. Daraus schloß ich, daß es sich hier nicht nur um eine »Bushaltestelle« handelte, sondern vielmehr um Statussymbole – vielleicht zeigten sie aber auch ein Dorf an, das hinter den Bäumen verborgen oder etwas abseits der Straße lag.

Bei Nata verließen wir die nordwärts führende Hauptstraße und bogen nach Westen ab. Aus vorausgegangenen Ausflügen ins Delta wußten wir, daß nun die letzte, beschwerlichste Etappe unserer Reise bevorstand. Die Straße von Nata nach Maun führte durch eine ausgedehnte, flache Wildnis am Rande der riesigen Makgadikgadi-Pfannen, bevor sie in eintöniges, trockenes Buschland eintauchte, das den Horizont schrumpfen ließ. Die weiße Decke der 300 Kilometer langen Straße war auf ihrer gesamten Länge von Bodenwellen durchzogen und enthielt oft tückische Schlaglöcher, die leicht eine Wagenachse zu Bruch gehen lassen konnten.

Eine Viertelstunde hinter Nata machte ich Beverly darauf aufmerksam, daß die Straße ja immer noch geteert sei. »Ich weiß«, antwortete sie und ergänzte dann nach einer Pause: »Hoffentlich sind wir nicht zu spät gekommen.«

Während die Asphaltstraße immer weiter gen Horizont lief, stieg in mir eine gewisse Panik auf. Sie war düster und wenig erbaulich anzusehen, nichts Besonderes. Hätten wir sie nicht aus früheren Zeiten gekannt, so hätten wir diesen scheinbar harmlosen, langen schwarzen Finger des Fortschritts wahrscheinlich kaum beachtet. Somit fuhren wir diesen Vorboten des Wandels jedoch mit einem leicht ein beklemmenden Gefühl entlang. Der Unterschied war wirklich sehr gering, im Prinzip nur eine äußerliche Veränderung; so vieles war geblieben, und doch war alles anders.

In Maun stand eine schwarzbraune Ziege auf den Hinterbeinen und knabberte an einem Plakat, das an einen dicken Schilderpfosten geklebt war. Schulkinder warteten an der Straße darauf, diese zu überqueren; ihre rot-weißen Uniformen betonten die Schwärze ihrer Haut. Über den breiten Thamalakane River spannte sich eine zweispurige Straße. Daneben lag

halb eingesunken im fast ausgetrockneten Schlamm des Flußbetts ein verwesenden Rinderkadaver, dessen Geruch zwei Hunde und einige Geier angelockt hatte.

In Maun gab es einige neue Gebäude und mehr asphaltierte Straßen, als ich in Erinnerung hatte, und für einen Augenblick hatte ich die Orientierung verloren. Ein deutscher Tourist mit kurzen, blonden Haaren und rotem Rucksack lächelte mir zu, als ich eine zweite Runde im Kreisverkehr drehte.

Voraus stand ein ganzer Block neuer Gebäude, und weitere befanden sich im Bau. Beim Abbiegen bemerkte ich, daß die Modernisierung sogar vor dem Friseur nicht haltgemacht hatte. Vor seinem Stand pufftete ein kleiner Dieselgenerator blaue Wölkchen in die Luft – die alten Scheren hatten ausgedient, und nun verwendete er einen elektrischen Haarschneider. Auf einem gelben Wellblechschild konnte man seine neuen Frisuren sehen: »Straight Up«, »Punk«, »Flat Top«, »Mr. Cool« und »Stars and Stripes«. Alle Gesichter waren rosa übermalt. Außerdem hatte er auf der anderen Straßenseite Konkurrenz bekommen.

Ich wartete, bis ein Esel, der an den Beinen Fußfesseln trug, von der Straße sprang. Leuchtendrotes Blut rann an seinen Beinen entlang und tropfte auf den frischen, noch schwarzen Teer. Kurz darauf hielt ich irgendwo im Schatten an, schaltete den Motor ab und stieg aus. Nach der langen Fahrt mußte ich mich erst einmal recken und meine müden Glieder lockern. Auf der anderen Straßenseite befand sich das »Duck Inn«.

Im »Duck« traf sich alles, was Rang und Namen hatte – wer etwas trinken wollte, Hunger hatte, auf Bekannte wartete oder soeben aus dem Busch zurückgekehrt war, wer wissen wollte, ob die Ponton-Fähre von Xudum wieder in Betrieb war – kurz, wer gerade in der Stadt war, der ging ins »Duck«. Die Bar war klein und niedrig und besaß auf der Vorderseite eine flach überdachte Veranda. Beide Schankräume waren mit Tischen vollgestellt, und stets gab es zuwenig Stühle. Die Tapeten wirkten verbraucht und abgenutzt, und auf dem kurzen Tresen standen keine Flaschen – die Spirituosen wurden in einem kleinen Vorraum aufbewahrt, wo die Kunden nicht einfach hinüberlangen und sich selbst bedienen konnten.

Vor der Bar war ein Wirrwarr von Fahrzeugen geparkt, in der Regel schwer bereifte Autos mit Vierradantrieb, seilumwickelten Stoßstangen, Seilwinden, erhöhten Rückbänken, Gewehrhalterungen und zusammengerolltem Bettzeug über weißen Zuckersäcken; manche Wagen besaßen hier und da ein verbeultes Fahrgestell, die meisten waren unter ihrem Staubüberzug zerkratzt. Dazwischen standen einige wenige neue Autos, meist Limousinen, die einen extremen Kontrast zu den Buschfahrzeugen bildeten – wie geschminkte Lippen in einem zerfurchten alten Gesicht.

An der Bar bestellte ich mir ein Bier und einen Tee für Beverly. Jimmy servierte mir mein Bier und dann verschwand er zwischen einem Wirrwarr aus Kästen und Kisten, um den Tee aufzubrühen. Jimmy war schon immer hier gewesen, oder zumindest hatte es den Anschein. Er hatte schon vieles gesehen und gehört, und doch strahlte er eine stille Würde aus.

Für die meisten eingeborenen Afrikaner stellt es ein großes Privileg dar, wenn sie auf dem Lande groß wurden. Mit diesem sind sie verbunden, in seinem alten Boden verwurzelt, von seinen Geheimnissen und seinem stetigen Wandel gefangen. Das ehrgeizige Streben westlicher Menschen liegt ihnen fern, und sie sind von einem Frieden beseelt, den wir niemals in vollem Umfang kennenlernen können, selbst wenn wir ein halbes Leben danach suchten. Ihre Geschichte, ihre Kultur, ihr Glaube, der Mittelpunkt ihrer Seele beruhen auf dem unerschütterlichen Empfinden, daß ihre einzigen Zufluchtsorte sie selbst und ihr Land sind. Sie lassen das Leben auf sich zukommen, ganz im Gegensatz zu solchen Menschen, die permanent geschäftig nach irgendwelchen Reichtümern streben und dadurch ihre Würde verlieren.

»Hey, Peter«, sagte Map, der sich neben mich an die Bar stellte, als ob er mich gestern und nicht vor fast zwei Jahren zum letzten Mal gesehen hätte.

»Hey, Map. Was ist nur mit Maun passiert, während ich weg war?«

»Kleine gelbe Männchen haben große gelbe Maschinen vorbeigebracht und alles verändert.« Er grinste über seinen Scherz, seine Augen lachten jedoch nicht.

Jimmy brachte Beverlys Tee, und ich trug ihn nach draußen. Dort erkannte ich von hinten P. J. an seinem kurzen, schwarzen Haar und dem schlanken, sonnenverbrannten Nacken. Er kratzte sich geistesabwesend mit der Hand auf dem Kopf; offenbar grübelte er über irgend etwas nach. Sein langhaariger Begleiter deutete auf einige Papiere, die vor ihm auf dem Tisch lagen.

»Sag mir, P. J., sind deutsche Touristen nach wie vor die einzigen, die in Afrika weiße Socken und Birkenstock-Sandalen tragen?« fragte ich, während ich den Tee abstellte. Wie immer ließ er sein typisches Gelächter erschallen.

»Mister P.«, sagte sein Begleiter und erhob sich.

»Mister M.«, meinte Ian Michler und umarmte mich über den Tisch hinweg.

Von links nach rechts:
Ein Kind im weißen Sand am Thamakale River; Tradition und Moderne treffen in Maun aufeinander; Frauen tragen Bündel mit Dachstroh und Wasserkrüge nach Hause; die alte Straße nach Shakawe.

Ganz links:
In Shakawe warten ein kleiner Junge und seine Ochsen darauf, daß Schilf auf einen Schlitten verladen wird.
Links oben:
Ein Hund folgt seinem Herrchen nach Hause.
Links:
Eine Blaskapelle in Maun.

Vor P. J. lag ein amtliches Schreiben.

»Was ist das?«, fragte ich.

»Sie haben sein Flugzeug aus dem Verkehr gezogen«, sagte Ian und lachte.

»Diese Scheißkerle«, brummte P. J. leise.

Und dann erzählte er uns die Geschichte: P. J. hatte landen wollen und dabei einen Bulldozer entdeckt, der gerade »seine« Landebahn planierte. Aus reinem Spaß und um dem Fahrer seine Absicht klarzumachen, überflog er das Fahrzeug in geringer Höhe. Leider hatte P. J. dabei die sechs Meter hohe Antenne des Bulldozers übersehen, die er unabsichtlich um einige Meter verkürzte. Der Propeller war unversehrt, berichtete P. J. weiter, allerdings wies die Windschutzscheibe ein kleines Loch an jener Stelle auf, wo sich die Antenne durch Scheibe und Instrumententafel gebohrt hatte; sie hatte nichts Wichtiges getroffen, und nachdem P. J. das Antennenstück zurückgegeben und die Löcher mit Band zugeklebt hatte, war er wieder weitergeflogen.

Einige Tage später hatten sich Hyänen einen Weg durch den Verhau aus Dornenästen gebahnt, den P. J. um sein Flugzeug errichtet hatte, und sein Leitwerk zerkaut. Nach einer weiteren Lage Klebeband war P. J. wieder startklar.

Ungefähr eine Woche später war er nach Lanseria, einem Vorort von Johannesburg, geflogen, und dort hatte man ihm das Flugzeug sofort stillgelegt.

»Diese Arschlöcher«, brummte er wieder. »Und jetzt muß ich diese Sch . . . Erklärung hier ausfüllen,« fluchte er und schlug mit der Hand auf das Formular.

Wir bestellten uns etwas zu essen. Das Huhn war zäh, und das Peri-Peri scharf. Mein Bier schmeckte gut. Ich wartete, bis die anderen fertig waren, lehnte mich in meinem Stuhl zurück und sah mich um. Einige Tische weiter war ein Paar sehr mit dem Essen beschäftigt und unterhielt sich nur ab und zu.

»Jimmy, bring' mir noch 'n Bier!«, brüllte ein untersetzter Mann mit kräftigem Brustkorb und breitete einladend die Arme aus.

»Jimmy kann dich nicht hören, wenn du so schreist,« konterte eine Frauenstimme aus dem Inneren. Hinter der Bar zog ein Lächeln über Jimmys Gesicht.

»Jimmy, bring' mir bitte noch ein Bier«, wiederholte der Dicke heiser, diesmal deutlich kleinlauter.

Ein gut gekleidetes Paar schüttelte einem älteren Herrn die Hand und stand auf, um zu gehen. Ein völlig staubbedeckter Junge in zerknitterten Shorts schaute von außen über das Mäuerchen ins Restaurant und wollte

Vorherige Seiten:
In der Dämmerung verharren einige Impalas wachsam unter einem Regenbaum.

Langsam fuhr ich die Hauptstraße von Maun hinunter. Die Modernisierung konzentrierte sich größtenteils auf die Umgebung des Flughafens – zwei Einkaufszentren und eine Reihe von Geschäften bezeugten, daß die Architekten nicht den geringsten Versuch unternommen hatten, die Stadt zu verstehen; ihre kühle Modernität war wie ein Schlag ins Gesicht und wirkte wie von einem anderen Stern. Mittendrin dann das »Smart Centre«.

Das englische Wort *smart* hat viele Bedeutungen – »klug, gescheit, frech, intelligent, gewieft, elegant, modisch.« Von daher war der Name durchaus passend gewählt. Im Schaufenster streckte eine blasse, rosa Schaufensterpuppe in feinem Abendkleid ihre Hand einem unsichtbaren Gast entgegen; auf der anderen Seite der Scheibe beschnupperte eine Ziege ein staubbedecktes Paket.

Einige ältere Regierungsgebäude waren noch türkis, schwarz und weiß – den Farben der Landesflagge – getüncht, die neu gestrichenen Häuser waren hingegen in zweckmäßigerem Cremebeige gehalten. Das alte »Riley's Hotel« war längst einem neuen Komplex gewichen, dessen Pracht

gerade seine Hand ausstrecken, als ihn das Paar – ebenfalls Schwarze – energisch wegscheuchte.

Angesichts der hier beobachteten Szene bin ich immer wieder darüber erstaunt, daß manche Schwarzafrikaner, die sich an westliche Gepflogenheiten angepaßt haben, ihre auf dem Land lebenden Zeitgenossen oft sehr unhöflich und herablassend behandeln. Der Westen hat seine unersättliche Gier unter dem Deckmäntelchen von Fortschritt und Aufklärung versteckt, die nun als Pauschalargumente zur Rechtfertigung seines Tuns herhalten müssen. Im Zuge der Verwestlichung wurden die Eingeborenen ihrer Wurzeln beraubt, und nun wäre es an einem Schwarzafrikaner, aufzustehen und auf den Reichtum und den Wert afrikanischer Kulturen aufmerksam zu machen, von denen die Menschen im Westen doch so viel lernen könnten.

In Situationen wie diesen kann man im Grunde genommen nur hoffen, daß es die Afrikaner in einem Punkte nicht den vielen Urvölkern anderer Kontinente nachmachen würden, die sich erst in dem Augenblick des besonderen Wertes ihrer Religion, Kultur und Lebensweise als Quelle ihrer Individualität und Identität bewußt wurden, als diese unwiderruflich der Vergangenheit angehörten.

Erwartungen hervorrief, die nicht immer erfüllt wurden. Ein echter Schock war hingegen »Riley's Garage«: Das unscheinbare, scheunenartige Gebäude war verschwunden, und an seiner Stelle erhob sich ein modernes Pendant, dessen Glas in der Sonne funkelte.

Eine der lebhaftesten Erinnerungen aus meiner Jugend ereignete sich genau an dieser Stelle. Verschwitzt, verstaubt und nur in Shorts und Sandalen hockte ich auf der Ladefläche eines Pickups und füllte eine riesige Benzintonne für meine erste Safari – der Beginn einer Leidenschaft, die nach wie vor in mir brennt. Riley's Vorplatz war damals – genau wie die Straße – noch nicht asphaltiert, und an ruhigen Tagen zogen die vorbeigetriebenen Ziegenherden eine Wolke aus feinem weißem Staub hinter sich her. Dieser verband sich mit den Dieselabgasen zu einem Gemisch, das man förmlich auf der Zunge schmecken konnte. Neben dem Quietschen der Benzinpumpe waren nur die Monologe von Mr. Kays zu hören, der ab und zu ein Ersatzteil prüfend gegen das Sonnenlicht hielt, oder das Gemurmel der Männer, die sich im Schatten der hohen weißen Mauern unterhielten. Der Ort wirkte damals durch und durch authenthischer, afrikanischer als heute, und zog mich mit seiner Stimmung stärker in seinen Bann.

Zu Recht wird die Kolonialzeit als »Ausbeutung Afrikas und der Afrikaner« verschrien, aber hat diese Ausbeutung denn jemals aufgehört? Lediglich die Ausbeuter haben gewechselt. Möglicherweise wird in ferner Zukunft über die derzeitige Epoche mit all ihren Geschehnissen ein noch härteres Urteil gefällt werden. Wir Afrikaner haben vergessen, wer wir sind, und indem wir ständig dem Vorbild der westlichen Welt hinterherjagen, versagen wir uns einer unermeßlich reichen, einzigartigen Welt voller Geheimnisse, die wir nie wiederherstellen können.

Bei dem Versuch, einen ebenso unbeständigen wie kurzfristigen Reichtum zu schaffen, haben wir einen anderen zerstört. Die Kolonialherren beuteten Afrika aus, wurden aber dadurch selbst zu Afrikanern. Ihren Platz haben wir heute eingenommen, und in unseren Händen liegt nun das sich ständig verschlechternde Los der afrikanischen Landbevölkerung – jener Menschen, die wirklich Afrikaner bleiben.

Im Herero-Viertel – einem Dorf im Dorf – erhoben sich die die Lehmhütten unmittelbar neben der Straße. Eine Frau kam auf uns zu. Ihr tiefrotes, mit goldenem Paisley-Muster verziertes Gewand bildete von der Hüfte abwärts eine ausladende Stoffglocke, die durch mehrere Unterröcke an Volumen gewann und mit dem weiten, ringförmigen Saum über den sandigen Boden strich. Ihren Kopf zierte ein gleichfarbiges Tuch, nach Art des traditionellen Herero-Kopfschmucks zu einer Haube gebunden und mit einer Brosche festgesteckt. Dazu trug sie goldene Ohrringe, und ihre Lippen waren auffallend rot. Die Gelassenheit, mit der diese Frau ihre Tracht aus jener längst vergangenen Ära trug, war Balsam auf meiner Seele.

Tsau, Nokaneng, Gumare . . . die Namen tauchten schneller auf als früher, denn auch diese Piste war asphaltiert. Nachdem uns ein wild gestikulierender Mann von der neuen Asphaltstraße heruntergewunken hatte, fuhren wir langsamer auf der alten Straße weiter, einer breiten Sandpiste, die ge-radwegs zwischen den Bäumen hindurchführte.

Ein Steinböckchen huschte von der Straße, als wir uns näherten – ein schneller roter Blitz im gelben Gras. Ein Stück weiter stand ein Jeep am Straßenrand, und sein Fahrer, ein kleiner, rotbärtiger Mann mit gerötetem Gesicht hielt uns an. Mit breitem schottischem Akzent erklärte er uns, er habe angehalten, um seine Notdurft zu verrichten, und dann sei der Wagen nicht mehr angesprungen. Allein habe er ihn jedoch auch nicht anschieben können.

Ich drehte den Zündschlüssel, doch nichts tat sich.

»Vorhin bin ich recht hart auf dem Boden aufgesetzt«, meine er, als ich die Motorhaube öffnete. Seine Batterie war buchstäblich platt – er war so unsanft auf der Bodenwelle aufgesetzt, daß sich die Batterie wie eine Ziehharmonika zusammengeschoben hatte.

Rasch untersuchte ich den Wagen auf weitere Schäden, weil ich mir sicher war, daß die Vorderräder wie die Hinterräder eines überladenen VW-Käfers aussehen würden. Das eine Rad stand zwar ein bißchen schief, war aber nicht so stark beschädigt, daß man damit nicht mehr fahren konnte. Überraschenderweise reichte der Strom noch aus, um die Armaturen leuchten zu lassen.

Also schoben wir den Wagen an. »Fahren Sie ab jetzt ein bißchen langsamer«, rief ich ihm ungehört nach, während der Schotte hart im ersten Gang beschleunigte.

Lange Zeit hatten wir die Straßen völlig für uns allein. Zwei Strauße rannten mit ausholenden Schritten durch den weichen Sand: Als wir sie einholten, liefen sie in den Busch; ihre Körper tänzelten zwischen Sträuchern hindurch, während die Köpfe vollkommen reglos blieben. Ohne mit den Flügeln zu schlagen, schwebte ein Gaukler über der Straße auf und ab, bevor er hinter den Baumwipfeln verschwand.

In Sepupa standen nur wenige Leute an der Straße. Zwischen den Bäumen stapften mehrere Jungen mit ihren Steinschleudern umher. Ein trockenes Feld schnitt sich tief in den Wald ein, an dessen Rändern mehrere völlig abgemagerte Rinder mit hängendem Kopf hintereinander herzockelten und mit den Hufen große Staubwolken aufwirbelten. Durch das herabgekurbelte Autofenster vernahm ich das schwächer werdende Gebimmel einer Kuhglocke.

Schließlich erreichten wir Nxamaseri, das malerisch unter hohen Bäumen liegt – eine der wenigen mir bekannten Ausnahmen, wo Hütten tatsächlich unter Bäumen errichtet wurden. Ich habe nie verstanden, warum die Landbevölkerung Afrikas ihre Hütten so baut, daß sie direkt der Sonne ausgesetzt sind. Stets werden die Hütten auf kahlem Boden errichtet, und die Menschen, die darin leben, halten sich tagsüber meistens im Freien auf, und zwar stets im Schatten der Bäume. Selbst wenn ich die Afrikaner unverblümt daraufhin ansprach, erhielt ich nie eine klare Antwort.

Aber auch das ist die Natur dieser Menschen: So viel sie auch preisgeben, stets bleibt ein größerer Teil verborgen. Ich habe mit und unter ihnen gelebt, und obwohl ich mit ihnen vertraut bin, habe ich sie nie richtig kennengelernt, denn sie behalten ihre Geheimnisse für sich. Vielleicht liegt in dieser mißtrauischen Verschlossenheit die Rettung Afrikas, denn solange wir ein Geheimnis nicht fassen können, vermögen wir auch nicht, es zu entwenden, zu ergründen und zu zerstören. So sehr ich auch das Privileg genießen würde, die Seele Afrikas zu kennen, so ziehe ich doch die Gewißheit vor, daß dieser Teil des Kontinents unberührt und verborgen bleibt.

Langsam fuhr ich durch Nxamaseri und schaute mich um. Das Dorf war noch fast genauso, wie ich es in Erinnerung hatte. Vor uns trieb ein kleiner Junge eine speichenlose Fahrradfelge mit einem Drahtstück vor sich her. Als er erschöpft war, ließ er sich lachend in den Sand fallen, während die Felge weiterrollte. Einige Frauen saßen auf einem umgedrehten Einbaum und unterhielten sich. Hinter ihnen zerstieß ein junges Mädchen Hirse in einem Holzmörser. Die Hütten waren hinter Wänden aus frischem, gelbem Schilf verborgen. Während wir vorbeifuhren, kläffte uns ein blauäugiger Mischlingshund laut an.

Gegenüberliegende Seite und oben: *Der Okavango hat schon immer zahlreiche Abenteurer magisch angezogen.*

Gegenüberliegende Seite: *Die ersten Fluten bahnen sich einen Weg über den trockenen Sand des Kiri Channel.*
Links: *Fischende HaMbukushu-Frauen am Ufer des Okavango.*

Auf dem Fluß nach Süden

An der hölzernen Pfahlbrücke verließen wir die Straße und folgten dem Ufer des ausgetrockneten Nxamaseri Channel. Der Kanal war zunächst schmal, von Bäumen gesäumt, öffnete sich aber bald in ein weites Tal. Das Gras war von den überall weidenden Rindern und Pferden kurzgehalten worden. Jenseits der Grasfläche markierte weißer Sand die Uferlinie, hinter der die Bäume emporragten. Die ausgetretenen Pfade, die zwischen den Bäumen auftauchten, verschlangen sich wie Spaghetti ineinander.

Bald darauf gelangten wir ans Wasser. Von nun an wurde das Tal enger, so daß sich gelegentlich ein nur wenige Meter breiter Streifen zwischen Wasser und Bäumen entlangwand, auf dem ständig eine große Schar Vögel umherflatterte. Auf einem Pfad kamen uns eine Frau und ein Mädchen entgegen, die beide einen Wasserkübel auf dem Kopf balancierten; mit ihren locker herabhängenden Armen, dem typischen Wiegen der Hüften und der reglosen Kopfhaltung erinnerten beide an Ballerinen, die eine Art afrikanischen *Pas de deux* vorführten.

Als wir unter einem ausladenden Ebenholzbaum entlangwanderten, erhob sich ein Schwarm Grüntauben schwerfällig aus seinen Zweigen. Eine Kuh, die knietief im Wasser stand, tauchte ihr Maul unter Wasser, um an die frischen grünen Triebe zu gelangen. Mitten auf der offenen, von blauen und weißen Seerosen gesäumten Wasserfläche hockten ein paar Jungen auf einem kurzen *mokoro* und angelten mit schlanken Zweigen. Am Ufer hielt ein regungsloser Silberreiher ebenfalls nach Fischen Ausschau.

Nachdem wir eine flache Schwemmebene durchquert hatten, erreichten wir schließlich eine breite, flache Sandinsel, die mit kurzem, stacheligem Gras bewachsen war. Auf der gegenüberliegenden Seite stießen wir auf Ian, der unter einem schattigen Baum im Bug eines alten Bootes döste und auf uns wartete.

Wir beluden das Boot und wateten durch das Flachwasser. Das Wasser war seicht, das Boot aber schwer, und wir mußten uns heftig gegen das Heck stemmen, bis es frei im Wasser trieb.

Mit Hilfe des langen, schlanken *ingushi*, eines biegsamen Stabes mit gegabelter Spitze, stakten wir uns weiter hinaus. Ian und ich führten den Stecken im Gleichtakt ins Wasser, und nur gelegentlich mußte einer von uns vor Anstrengung aufstöhnen.

Der spitze Bug schob sich durch die Pflanzen des Flachwassers: Leuchtende Seerosen mit gelber Blütenmitte, die Blattpolster oberseits smaragdgrün, unterseits kastanienbraun; ein Wald aus dunkelgrünen, zu stumpfen Spitzen auslaufenden Schilfstengeln, über die der Bootsrumpf sanft hinwegglitt. Hinter uns schloß sich der Pflanzenvorhang wieder, so als wäre hier nie ein Boot hindurchgefahren.

Im tiefen Wasser ließ Ian den Motor an und brachte uns rasch aufs offene Gewässer. Ich schaute seitlich aus dem Boot, ließ meine Hand durchs Wasser gleiten und dann die Tropfen von oben herab in meinen Mund fallen.

Wir fuhren um eine Biegung im Kanal und gelangten an eine breite, seichte Stelle mit gelbem Sand, eine Furt für Rinder. Dort zogen wir das schmale lange *mokoro* ans Ufer. Im Flachwasser spielten einige Kinder, und ihre nackten Körper glänzten in der Sonne. Auf der Insel standen hohe, ausladende Bäume, deren dichte Kronen einen schattigen Dom bildeten. Darunter putzten einige Frauen frisch geschnittene Schilfstengel und stapelten sie zu Bündeln auf. An Schnüren zwischen den Ästen waren

Unten: *Ein Elefant bläst eine kunstvolle Wasserfontäne in die Luft.*

Fische zum Trocknen aufgehängt. Mit dem Rücken zu uns besserte ein Mann ein Netz aus, das zwischen zwei Pfählen aufgespannt war.

»Was soll das denn sein?«, fragte ich Ian und deutete auf einen Gegenstand im Schatten, der wie eine gasbetriebene Tiefkühltruhe aussah.

»Ein Berufsfischer«, entgegnete er mehr als mißbilligend.

Mir fiel ein, wie arglos ich dieses Thema einmal in einem Gespräch mit P. J. angeschnitten hatte. Dieser hatte die Stirn gerunzelt und sein Kinn vorgeschoben. Im Rahmen eines Dürre-Hilfsprogramms hatte wohl irgendein europäisches Land dem Staat Botswana Netze anstelle von Geld geliefert, damit die Menschen an proteinreiche Nahrung gelangen konnte. Dann war die Dürre vorbei, und die Hilfsmaßnahmen wurden eingestellt – doch die Netze blieben. Ein Grund war sicherlich, daß man mit ihnen größere, für den Fischbestand verheerende Fangerfolge erzielte als mit herkömmlichen Fischreusen oder der Hakenfischerei.

Immerhin war ein Gesetz zur Nutzung der Netze erlassen worden, wonach man sie nicht quer durch einen Flußlauf spannen darf. In Gebieten, in denen keine Motorboote fuhren, hielt sich allerdings niemand daran. Man kannte weder Schonzeit noch Fischsaison, weder geschützten Arten noch Bestimmungen bezüglich der Maße von Fischen, Netzen und Maschen, niemand brauchte einen Angelschein, und es gab weder Forschung noch Kontrollen. Das Resultat war eine bisher einzigartige, riesige Metzelei.

Der Kanal wurde tiefer, und die Strömung verlangsamte sich. Am Flußbett waren deutlich die Pfade der Flußpferde zu erkennen. Ein Graufischer wollte aus dem Papyrus auffliegen, schien sich aber dann anders zu besinnen, und erst als wir näher kamen, hob er krächzend ab. Dann verbreitete sich der Kanal zu ruhigen Lagunen, über und über mit Seerosen gesprenkelt und von Papyrus und Binsen gesäumt. Erschreckt flatterten Weißrücken-Pfeifgänse und ein Paar Afrikanische Zwergenten aus den Seerosen auf; ihr Pfeifen war selbst dann noch zu hören, als sie schon außer Sichtweite waren. In entgegengesetzter Richtung zog eine *mokoro*-Kolonne an uns vorbei. Jeder Einbaum war mit einem Bündel Schilf beladen und lag durch dieses Gewicht so tief im Wasser, daß nur wenige Zentimeter der dunklen, hölzernen Seitenwände aus dem Wasser ragten.

Den Rest des Nachmittags verbrachten wir an einer Lodge unter hohen Bäumen und richteten das Boot her, das uns P. J. für die Flußfahrt geliehen hatte, ein offenes, etwa fünfeinhalb Meter langes, relativ breites Boot aus Glasfaser. Mitten auf dem Deck stand eine riesige Benzintonne, an den Seiten waren kleinere Behälter aufgereiht. Daneben stapelten sich Kühlboxen für Lebensmittel, Campingausrüstung und eine Werkzeugkiste, und obenauf lagen Schaumstoffkissen. Kleidung, Schlafsäcke und Kameras waren sicher im Bugkasten verstaut.

Am folgenden Nachmittag fuhren wir los. P. J. hatte uns auf einem Bogen Papier eine Karte gezeichnet. Wir wußten weder, wohin die Reise ging, noch wie lange sie dauern würde, beziehungsweise wann wir wieder zurückkehren würden.

An der Mündung des Nxamaseri-Kanals vermischte sich das klare Wasser mit den milchig-grünen Fluten des Okavango, was an eine Miniaturausgabe jener Stelle erinnerte, wo die südamerikanischen Ströme Río Negro und Amazonas zusammenfließen. Wir wandten uns flußabwärts. Als die Strömung das Boot erfaßte, ging es schneller voran. Der Fluß wurde hier sehr breit – eine glatte Wasserstraße, die zwischen dichten Papyrusalleen bis zum Horizont reichte. Vögel gab es kaum, lediglich ein einsamer Schlangenhalsvogel stürzte sich aus dem Geäst eines ufernahen Bäumchens ins Wasser. Das Boot glitt an einer Insel vorbei, aus deren dichtem Palmenunterwuchs vereinzelt Akazien heraus-ragten.

Nun fuhren wir an den Innenseiten der Flußbiegungen weiter. Ein kleines Krokodil, das auf einer Sandbank gedöst hatte, erschrak vor uns und flüchtete überstürzt ins Wasser. Am anderen Ufer dehnte sich eine breite Schwemmebene aus, auf der einzelne Viehtritte zu einer seichten Tränke führte, wo der Fluß abrupt steil abfiel. An der Stelle, wo das Wasser tiefer wurde, sollte eine Verhau aus Dornzweigen die Krokodile fernhalten. Vor einem hohen Schilfufer, dessen Ähren sanft im Wind rauschten, machten Zwergspinte knapp über der Wasseroberfläche Jagd auf Insekten; und wenn sich ein Vogel kurz auf einem Schilfhalm ausruhte, gab dieser unter der geringen Last seines Körpers kaum nach. Ein

Flußpferdwechsel schnitt tief in das Ufer ein, gut erkennbar an der Vielzahl niedergetrampelter Stengel.

Kurz vor Sonnenuntergang stießen wir auf eine Insel, die, wie ich wußte, für längere Zeit die letzte flußabwärts war. Unter dem ausladenden Geäst eines Waterberry-Baum bauten wir unser Lager auf. Wilde Dattelpalmen beugten sich über das Wasser und streiften mit ihren Wedelspitzen seine Oberflächen. Ein Fisch sprang aus der Strömung, und aus der Ferne vernahm ich das Schnauben eines Flußpferdes.

Der Lichtschein unseres Feuers zuckte lautlos über die Rinde der umliegenden Bäume, während wir unter unseren Moskitonetzen einschliefen.

Die Luft war noch ruhig und kühl, als wir wieder aufbrachen. Bei Sonnenaufgang fotografierten wir in einem Seitenarm des Flusses eine Kolonie von Schlangenhalsvögeln, die dicht gedrängt auf einem einzelnen, kotbespritzten Waterberry-Baum hockten. Über uns schwebte ein wachsames Schreiseeadler-Paar. Unter dem Baum stakte ein Rallenreiher umher und suchte zwischen den freiliegenden Wurzeln nach Fischchen, die sich hier in großer Zahl versammelt hatten, um von dem nahrhaften Vogelkot, der andauernd herabrieselte zu profitieren. Ich fing eine kleine, zappelnde grüne Brasse mit orange-gefleckten Flossen, die wir uns beim nächsten Halt an einer kleinen Insel zum Frühstück brieten, genießerisch auf einem verwitterten Stamm am Feuer hockend.

Zwischen Sepupa und Seronga herrschte auf dem Fluß reger Betrieb, denn es gibt keine Verbindungsstraße – der Fluß ist hier der einzige Verkehrsweg. Ein kleines, schnelles Motorboot mit vier Passagieren bremste ab, um unser Kielwasser zu kreuzen. Dahinter wühlte ein langer, tiefer Lastkahn das Wasser auf, der mühsam gegen die Strömung ankämpfte. Hinter den getönten Scheiben eines vorbeifahrenden Polizeibootes waren nur leere Sitze zu erkennen.

An einer der folgenden Flußbiegungen zählten wir 23 junge Schreiseeadler, die am Himmel schwebten oder auf den niedrigen Bäumen am Ufer hockten. Die Raubvögel stürzten sich immer wieder auf kleine, tote Welse, die bäuchlings auf der Wasseroberfläche trieben, und machten sich gegenseitig ihre Ansitze oder Beute streitig. Die toten Fische waren ein merkwürdiges Phänomen; später erfuhren wir, daß sie in den sauerstoffarmen Stillwassern der Lagunen gefangen und dort erstickt waren, bis sie bei der nächsten Flut flußabwärts getrieben wurden.

Hinter Seronga ließ der Verkehr auf dem Fluß nach, und wir waren wieder für uns allein. Aus unserer Karte ging hervor, daß uns nun ein langer Flußabschnitt ohne Inseln bevorstand. Daher beschlossen wir, die Nacht im Boot zu verbringen, und bei Sonnenuntergang stellte ich dann den Motor ab. Unsere Geschwindigkeit verminderte sich, die Stille der Nacht kehrte ein, und wir wurden sanft von den endlosen Wellen des Stroms in den Schlaf gewiegt.

Zum Einschlafen hatte ich mich gegen das Schandeck gelehnt und wachte bei Tagesanbruch mit steifem Hals auf. An einer einsamen Insel machten wir fest, um an einer alten Feuerstelle zu frühstücken. Die Insel wirkte verlassen, und als einzige Bewohner entdeckten wir einige Grüne Meerkatzen in den Baumwipfeln sowie ein Paar Rote Moorantilopen, hinter Palmwedeln verborgen.

Der Fluß schlängelte sich gleißend zwischen den Papyrusbeständen am Ufer hindurch, um sich an einer breiten, unbewegten Stelle zu teilen. Ein gewaltiges Krokodil, das uns mit leicht gebleckten Zähnen von einer flachen Uferbank unerschrocken beäugte, wirkte auf uns wie ein furchterregender Hüter dieses Ortes. Wir zogen unsere Karte zu Rate und wandten uns in den westwärts führenden Arm. Dieser war nur zwei oder drei Bootsbreiten breit und verschmalerte sich zusehends, das Wasser wurde zwischen den papyrusbewachsenen Ufern mit wachsendem Tempo hindurchgedrückt.

Zwei Boote mit Touristen fuhren an uns vorbei – glücklicherweise in einem geraden Abschnitt, wo wir sie rechtzeitig erkennen konnten –, und klickende Kameras waren auf uns gerichtet; nur die Führer winkten zum Gruß. Die kurze Begegnung ließ meine gute Stimmung schlagartig sinken; auch wenn die Touristen ja nichts Schlimmes verbrochen hatten, so hatten sie mir doch meinen Seelenfrieden geraubt und mein Abenteuer zu einer bloßen Banalität verkümmern lassen.

Eine Stunde später gelangten wir zu zwei kleinen Inseln, kaum größer als ein Termitenhügel, deren Baumbestand beiderseits des Kanals eine natürlichen Arkadengang bildete. An diesem einladenden Ort hielten wir an, um unter dem Gewölbe Tee zu kochen, während die Wellen leise gegen den Bootsrumpf plätscherten.

Oben: *In Botswana glaubt man, daß Hexen die Gestalt einer Hyäne annehmen, um heimlich ihrem teuflischen Tun nachzugehen.*
Links: *Ein Löwenbaby erprobt seine Krallen.*

Rechts und unten: *Aggressionsbekundungen bei Flußpferden und Schabrackenschakalen.*

Vorherige Seiten: *Zwei Einbäume nach einem Wolkenbruch.* **Gegenüberliegende Seite:** *Wildhunde jagen oft auf den flachen Säumen der Schwemmebenen.*

Einmal übernachteten wir an einer Stelle, an der zwei einsame Inseln in den Kanal vorragten. Als der Mond aufging, näherte sich ein Elefant unserem Schlafplatz. Ich schlug zwei Töpfe gegeneinander, um ihn zu vertreiben; zunächst zog er sich auch zurück, kam dann aber wieder. Schließlich mußten wir auf eine riesige Würgfeige klettern, und bald befanden wir uns hoch über dem Boden. Den Elefant konnten wir zwar nicht mehr sehen, aber doch anhand der knackenden Geräusche seinen Weg durchs Unterholz verfolgen.

Schließlich gelangten wir an eine Stelle, wo es kaum noch ein Durchkommen durch den Kanal gab, und oftmals mußten wir mithilfe des *ingushi* Wendemanöver fahren oder den Bug aus dem Papyrus befreien, wenn er sich festgefahren hatte. Doch dann tauchte der Kanal völlig unverhofft wieder hinter den grünen Wänden auf und öffnete sich zu einer weiten, offenen Wasserfläche. Ich tuckerte langsam weiter. Nachdem ich so viele Tage lang in den Engstellen des Kanals gefangen war, konnte ich mich nur ganz allmählich daran gewöhnen, daß diese Schwierigkeiten nun vorüber waren.

Eine riesige Lagunenkette breitete sich nun flußabwärts aus, verbunden durch Wasserwege und Kanäle, überzogen mit Inseln – und überall Spuren von Wildtieren, die aber nirgendwo zu sehen waren. Die Karte, die uns P. J. gezeichnet hatte, konnte uns nicht mehr weiterhelfen; jeder einzelne dieser Arme hätte uns wieder auf den Kanal führen können. Wir verfolgten den Weg anderer Boote anhand der Schnittspuren von Schiffsschrauben im Schilf, gelangten dadurch aber an Stellen mit tiefem Wasser, die sich immer und immer wieder aufgabelten. Die Vernunft bremste letztendlich unseren Forscherdrang, da unsere Treibstoffvorräte zur Neige gingen. Wir entschlossen uns, im Lagunensystem zu bleiben und auf dem gleichen Weg zurückzukehren, auf dem wir hergekommen waren.

Eines Morgens hörten wir ein Boot – recht unerwartet, denn der vorherrschende Wind trug die Geräusche fort. Es waren Leute vom *Department of Water Affairs*, die uns dann zwei Tage lang durch das Labyrinth leiteten.

Offenbar kannte der Fahrer nur zwei Geschwindigkeiten: Anhalten oder Vollgas. An jeder Gabelung wartete er darauf, daß wir wieder auftauchten, bevor er den Motor erneut zu Höchsttempo aufdrehte. Schließlich hielt er ein letztes Mal an, um uns mitzuteilen, daß wir den Kanal nun nicht mehr verfehlen könnten. Die Xo Flats lägen direkt vor uns, meinte er und brauste dann endgültig davon. Dieser Name kam auf P. J.s Karte überhaupt nicht vor.

Ein gewundener Kanal kerbte sich tief in eine ausgedehnte Schwemmebene ein. Der Sand des Flußbettes wurde durch das schnellfließende Wasser des Stromes geglättet. Nach wie vor war das Wasser über die Ufer getreten, doch allmählich sank der Pegel, und überall wuchs üppiges frisches Gras, das unzählige Wildtiere anlockte. Drei Giraffen äugten über den Wipfeln einiger niedriger Dornbüsche zu uns herüber. Mit lautem Plätschern floh eine Herde Moorantilopen durch das Flachwasser, um in elegantem Sprung über den Kanal zu setzen, während die Wassertropfen an ihren Hufen glänzten. Mehrere Böcke, die auf einer Lichtung lagen, sprangen steifbeinig auf, als wir uns näherten, und liefen einige Schritte davon; zwei junge Männchen fochten einen kurzen Kampf aus, bevor sie sich wieder hinlegten.

Danach gelangten wir in den abgeschiedensten Winkel des Stroms, ein Mosaik aus Land und Wasser, nahtlos ineinanderübergehend, so daß es keine Wiederholung, sondern nur ein einheitliches Ganzes gab. Unter dem Einfluß dieses Ortes verschmolzen auch die Tage zu einem einzigen. Der Flußarm, dem wir folgten, verengte sich extrem – bisweilen war er kaum breiter als ein Flußpferdwechsel –, und die breiteste Stelle des Bootes drückte den Papyrus links und rechts nach unten. Wir wichen oft von seinem Lauf ab, wenn die Mündung einer Lagune uns zu einem kleinen stehenden Gewässer führte, und gelangten dann über einen Arm mit klarem Wasser recht unvermittelt zu einem riesigen See, dessen Inseln zahlreichen Vögeln als Refugium dienten. Wir wanderten über schmale Elefantenpfade durch Wälder aus hohen, geraden Palmen, um dann nackt im seichten Wasser einer sandigen Lagune zu schwimmen. Um Flußpferdherden schlugen wir einen weiten Bogen, mal schreckten wir scheue Sumpfantilopen auf, wenn wir ihnen zu nahe kamen, oder beobachteten die Vögel, die über uns zeterten, während wir irgendwo im Schatten ruhten.

Rundum war alles grün. Zwischen dem kurzen Gras der Ebene erhob sich eine Vielzahl winziger Inseln mit üppigem Palmenbewuchs. Aufmerksam wandte uns eine Herde Gnus ihre Köpfe zu. Ein etwas abseits stehender Bulle warf den Kopf hoch und schnaubte. Aus dem Schutz einer Baumgruppe äugten einige scheue Kuduweibchen hervor. Ein kleines

Krokodil glitt ins Wasser und tauchte für einen Moment unter; doch dann war das Reptil wieder deutlich zu sehen, als es regungslos unter dem Boot auf dem Grund saß. Der Strom trieb uns weiter.

Unter einem einzelnen Waterberry-Baum schwammen wir im seichten Wasser vor einer Sandbank, während in der Ferne eine weit zerstreute Büffelherde auf der Ebene äste. Der Kanal führte in hohes Schilf, das uns erneut den Horizont verdeckte. Mit hastigen Flügelschlägen schwirrte ein kleiner Malachiteisvogel davon.

Je lichter die Schilfwände wurden, desto breiter und flacher wurde der Kanal, bis wir den Motor schließlich überhaupt nicht mehr einsetzen konnten. Mit Hilfe des *ingushi* stakten wir an eine breite, seichte Stelle, wo wir das Boot über den Sand schoben; manchmal mußten wir den Sand mit den Händen unter dem Kiel wegschaufeln. Von allen Seiten schien hier das Wasser zusammenzufließen, so als wären alle Kanäle, Arme und Ströme Adern, die zu einem Herz strömen. Auf der anderen Seite wurde das Wasser

Vorherige Seiten: *Zwei Geparden ignorieren das unaufhörliche Summen der Kriebelmücken.* **Oben:** *Zwei Schakale streiten sich um eine Beute.*

wieder tiefer, und erst als wir eine Zeit lang mit eingeschaltetem Motor weitergefahren waren, begriffen wir, daß wir uns wieder auf dem Fluß befanden.

Das trübe Wasser floß nun sehr schnell, das Ufer war breit, und die Flachwasserzonen reichten bis zu den Schwemmebenen, die sich bis zum Horizont erstreckten. Mächtig ragten die Inseln aus den grünen Ebenen oder den Wassern empor. Auf ihren Anhöhen vertrocknete das hohe, leicht gebeugte Gras, vom Wasser unerreicht, zu spröden, gelben Halmen. Die ordentlichen Reihen der blaßwipfeligen Palmenhaine verschmolzen in der Ferne zu einer dunklen Masse.

Jede Insel war dicht mit alten und jungen Baumriesen bewachsen. Massige Stämme ragten vom Boden in die Höhe, die Äste knorrig zerfurcht, die Rinde mal schwarz-grau, mal glatt und gelb-grün – ein Meer stiller Giganten.

Diese ergreifende Stille wurde abrupt beendet, als knapp über unseren Köpfen ein Flugzeug hinwegflog. Der Pilot schien mit den Tragflächen zu grüßen, um dann in geringer Höhe über dem Fluß weiterzufliegen.

Wir entdeckten eine Insel, die uns auf den ersten Blick als geeigneter Rastplatz erschien, doch mußten wir bei näherem Hinsehen ein rotes Kuppelzelt erkennen. Zwei Männer standen am Ufer und blickten aufs Wasser, während der Staker der beiden im Bug seines Einbaumes saß und fischte. Sie winkten zum Gruß. An einer abgelegenen Stelle nahm ein anderer *mokoro*-Staker nackt ein Bad im Fluß und winkte uns ungeniert zu.

Überall am Fluß standen kleinen Gruppen von Moorantilopen, von denen sich nur diejenigen, die unmittelbar in Ufernähe ästen, wenig beeindruckt ein paar Schritte landeinwärts zurückzogen. Seite an Seite schritt ein Paar Klunkerkraniche im Uferbereich und suchte mit untergetauchtem Kopf im schlammigen Wasser nach Nahrung. Zwischen den Bäumen stapften zwei Elefanten. Wir hielten an, und sie kamen bis auf ein paar Schritte an uns heran, um zu saufen. Nachdem sie ihren Durst gelöscht hatten, bespritzten sie Rücken und Bauch mit Wasser und schlenderten dann zu einer Lichtung. Dort griffen sie mit dem Rüssel den feinen Sand auf und bewarfen damit ihren Körper, wo er auf der feuchten Haut klebenblieb und weiße Flecken auf grauem Untergrund bildete.

In einem seitlichen Tümpel waren zwei untergetauchte Flußpferde nur an zwei Wülsten, die aus dem Wasser ragten, sowie den leicht seufzenden Atemgeräuschen zu erkennen; über ihren Köpfen jagte eine Stelze umher. Zwischen den Bäumen im Hintergrund döste ein Rudel Wildhunde im Schatten.

Ein weiteres Boot näherte sich uns, das von einem breitbeinig im Heck stehenden jungen Mann gelenkt wurde. Von einer Sandbank stürzte ein Krokodil ins Wasser. Noch ehe der Mann einen Warnruf ausstoßen konnte, war das Tier bereits unter seinem Boot abgetaucht. Einer der Passagiere wollte gerade seine Hand zum Gruß heben, mußte sich aber statt dessen rasch an der Reling festklammern, als der Steuermann ein scharfes Ausweichmanöver vollführte.

Wieder flog ein Flugzeug über uns hinweg. Wir beschlossen, zu einem späteren Zeitpunkt wiederzukommen, um die Wildhunde zu beobachten; im Moment wollten wir nur einen ruhigeren Ort. So bogen wir in einen breiten Seitenarm ab, der in der Mitte langsam strömte. Bedächtig tuckerten wir an einem Schreiseeadler, der auf einem einzelnen Baum hockte, an einer dünnen Schilfwand und einigen Fischern vorbei. Das Wasser hob sich wie ein großes Segel gegen den blauen Himmel ab, und der Kanal war nur anhand der Wirbel der Strömung auszumachen. Auf einer kleinen Insel glitt eine schwarze Schlange durch den Sand, von Vögeln bedrängt, die laut protestierend über ihrem Kopf flatterten.

Eine Autopiste verschwand im Wasser und führte auf der andere Seite wieder hinaus. Kurz darauf verließen wir den Kanal und stakten uns durch ein Gebiet mit niedrigem Schilf zu einer schattigen Insel. Diese stieg auf der einen Seite steil bis zu einer kleinen, ebenen Stelle mit guter Rundumsicht an. Zwei Männer näherten sich uns zu Fuß. Sie fragten, ob wir sie zu ihrer Lodge mitnähmen; es könne gerne später sein, sie seien nicht in Eile. Dann gingen sie weiter zu einigen Bäumen und legten sich schlafen. Wir unternahmen eine lange Wanderung im gelben Gras und entdeckten einen Geparden, der hoch oben auf einem Termitenhügel thronte. Danach kehrten wir zurück, um uns im Schatten auszuruhen.

Zusammen mit den beiden Männern fuhren wir dorthin zurück, woher wir gekommen waren. An einem Seitenarm fanden wir die Anlegestelle der Lodge mit Motorbooten und *mekoro* mit Kunststoffsitzen. Ein dicht von Palmen umgebener Pfad öffnete sich zu einem baumlosen, sonnenverbrannten Sandplatz. Der ordentlich gefegte Weg führte in einen kleinen Wald mit turmhohen Stämmen; der Unterwuchs war gerodet, die schilfgedeckten Hütten wirkten unter dem hohen Krondach wie Zwergenhäuser.

Überraschte Aufschreie, als wir einige Bekannte trafen. Wir nahmen ihre Einladung zum Tee an. An der Bar bot uns eine junge Frau mit üppigen Formen Schokoladenkuchen und Drinks an. Wir zogen uns in den Funkraum zurück, um etwaige Nachrichten abzuholen, bedankten uns und machten uns wieder auf den Weg. In dieser Nacht saß ich alleine am Feuer, während Beverly neben mir unter dem Netz schlief.

Ich war mit einer freudigen Erwartungshaltung hierhergekommen, die auf früheren Erfahrungen und wahrscheinlich so etwas wie Hoffnung beruhte. Mir fiel eine Passage aus Tania Blixens Roman *Afrika, dunkel lockende Welt* ein, in der sie beschreibt, wie sie aus einer hektischen, lärmerfüllten Welt an einen ruhigen Ort kam. Im Moment empfand ich genau umgekehrt.

Lange hatte mich ich gefragt, ob Naturschutz tatsächlich noch existiert. Die Naturschützer hielten es für angebracht, die Existenz von Wildnisgebieten und Naturräumen als wirtschaftlich vorteilhaft zu rechtfertigen; und genau dadurch hatten sie die Wildnisgebiete aus der Bedeutungslosigkeit herausgehoben und sich einem Kampf gestellt, der meines Erachtens von vornherein auf verlorenem Posten ausgefochten wird.

Wir haben die unberührte Natur kommerzialisiert. Daher müssen wir jetzt und für alle Zeiten diesen Kommerz um der eigentlichen Natur willen aufrechterhalten und gegen jene wirtschaftlichen Interessen verteidigen, die Natur zu anderen Zwecken nutzen wollen. Im Okavango-Delta heißen diese Interessen Viehzucht, Wassernutzung und Diamantenabbau, deren andauernde Existenzberechtigung einzig und allein auf Bilanzen beruht

Mir wurde klar, daß kein einziger Sieg, den die Naturschützer errungen haben, eine dauerhafte Garantie für die Natur darstellt, sondern lediglich jeweils eine vorübergehende Feuerpause bedeutet. Doch mit jedem dieser Siege ist auch eine Niederlage verbunden, denn indem wir die Natur kommerzialisiert haben, haben wir uns ihrer Nutzung verschrieben. Dies bedeutet zwangsläufig die Anwesenheit von Menschen – Menschen, die in den Gewässern fischen, den Rasen mähen und Bäume beschneiden, die mit Kameras und Gewehren jagen –, und auf diese Weise verwandelte sich ein ruhiges Fleckchen Erde nach und nach in einen hektischen, lärmerfüllten Ort. Das Produkt Natur will verkauft werden, und genau wie wir die Natur als Ware beworben haben, haben wir auch das Denken der Menschen verändert. Das Resultat in ein »Erlebnispark Afrika«, im Prinzip nichts anderes als ein gigantischer Zoo, dem weder Geist noch Seele innewohnen.

Im Grunde steht die Menschheit vor der Wahl zwischen zwei Werten – materiellen und ideellen. Der materielle Wert ist unbeständig, leicht vergänglich und niemals von Dauer; er ist auch diskriminierend, weil er nur einer Handvoll Menschen Privilegien bietet, der Mehrzahl jedoch entsprechende Chancen versagt. Ideelle Angelegenheiten sind jedem Einzelnen vertraut, denn sie bleiben stets eine Sache des Herzens.

Indem wir der unberührten Natur nur einen materiellen Wert beimessen, haben wir die letzte Verbindung zwischen Mensch und Erde durchtrennt. Wir sehen uns nicht als Teil aller Lebewesen und Dinge, weshalb wir heute sehr einsam dastehen. Indem wir uns selbst absondern und distanzieren, haben wir alles um uns herum der Erniedrigung unterworfen und uns selbst zu Herrschern gemacht. Als nächsten Schritt werden wir in die Geschicke Gottes oder das Wirken der Evolution eingreifen, und uns dadurch zu grauenhaften Lebewesen entwickeln, die man nicht einmal mehr lieben kann.

Links: *Im tagelangen Umgang mit Elefanten lernt man ihre gutherzige Weisheit kennen – eine Tugend, die wir entweder vergessen haben oder erst noch erlernen müssen.*

Wenn wir nicht in der Lage sind, unseren Verstand dazu einzusetzen, zurückzustehen und mit Würde unsere Partnerschaft mit der gesamten Erde anzuerkennen, dann werden wir auch nicht wahrnehmen können, daß der Mensch, wie damals die Dinosaurier, entbehrlich ist. In der Unendlichkeit der Zeit weilt der Mensch letzten Endes nur zur Bewährung auf diesem Planeten – nicht nur als Art, sondern auch als eine Art Medium, um auszuprobieren, ob die menschliche Vernunft sich als ein Vorteil erweist oder nur als ein tragischer Irrtum der Evolution.

Unten: *Ein alter Mann berichtete mir mit Tränen in den Augen von seinem Wunsch, als Schreiseeadler wiedergeboren zu werden.*

IM LAND VON OKAVANGO UND CHOBE

Die grünen Adern des Flusses

»Wenn der fünfte Schleier fällt und mit ihm die Illusion aller
materiellen Werte, so kann es sein, daß sich die Einzelnen selbst
erkennen, und vielleicht erscheint es ihnen, als stünden sie entblößt mit
ihren alten Werten in einer längst verlorenen Landschaft.«

Tom Robbins, Skinny Legs and All

Zwischen der Grenze Namibias im Norden und Jedibe im Süden, wo die
Wasser des Okavango schließlich das Flachland erreichen und sich dort
allmählich ausbreiten, wird der Fluß infolge des ansteigenden Geländes
durch eine verhältnismäßig schmale Engstelle gezwängt. Fast gleicht er
hier einem Python, der sich in blauschwarzen Windungen gegen einen
äußeren Zwang aufzubäumen scheint. Wenn er gierig die Sommerregen
aus dem Norden verschlingt und sein Bett anschwillt, hinterläßt
er ein reichhaltiges Erbe, das die Menschen anlockt. Der Fluß hält ihr
Leben fest im Griff, wirkt dabei aber eher gütig denn wild; doch jegliche
Versuche, ihn zu zähmen, vereitelt er ebenso gnadenlos wie höhnisch.

IM LAND VON OKAVANGO UND CHOBE

In Botswana können die Menschen bei Zivilstreitigkeiten oder kleineren Kriminaldelikten wählen, ob sie von einem Stammesgericht oder einem formellen Gericht abgeurteilt werden wollen. Das Stammesgericht wirkt auf westliche Betrachter recht unkonventionell, da ihnen die Bräuche, Formalitäten und Rituale nicht vertraut sind und folglich nicht verstanden werden. Bei einer solchen Versammlung der Ältesten – denen man aufgrund ihres Äußeren in keiner Weise ansieht, welchen Status sie innehaben – kommt es zu langen Gesprächen, die den zufälligen westlichen Betrachter in eine gewisse Verwirrung stürzen, da er nicht erkennt, wer nun Richter und die Geschworenen bzw. Zeuge und Angeklagter sind. Jeder, der etwas sagen möchte, kann dies tun, und seine Äußerungen werden von allen Anwesenden, einschließlich der Kinder, auf unterschiedlichste Weise kommentiert – mal mit lautem Gelächter, mal mit großem Ernst. Ein festes Strafmaß gibt es nicht, vielmehr wird dieses von Fall zu Fall mehr oder weniger spontan und individuell festgelegt.

Offenbar entscheiden sich sowohl Kläger wie Beklagte sehr häufig für das traditionelle Stammesgericht, denn im Gegensatz zu den westlichen Gerichtsverhandlungen mit ihren wohlformulierten Plädoyers werden hier nur selten ungerechte oder unsinnige Urteile gefällt. Das liegt möglicherweise daran, daß bei einem Stammesgericht alle Anwesenden die Betroffenen und ihre Umstände kennen, da sie alle derselben kleinen Gemeinschaft angehören, einer Gruppe von mehreren Dörfern, die man schnell zu Fuß oder auf dem Fluß erreichen kann.

In diesem nördlichen Pfannenstiel des Deltas gibt es zwar eine Straße, doch dient diese in erster Linie nur Besuchern, Verwaltungsangehörigen oder solchen Menschen als Verkehrsweg, die aus anderen Gegenden stammen und sich erst später hier angesiedelt haben. Für die meisten Einheimischen stellt eine Fahrt im Bus oder auf einem Pickup der Distriktverwaltung eine absolute Seltenheit dar, denn das Gros der Menschen bewegt sich auf den weißen Sandwegen oder den glänzend grünen, geschwungenen Windungen des mäandrierenden Flusses fort – uralte Verbindungen, welche die Dörfer an den Ufern des Flusses miteinander zu einem großen Netzwerk verbinden.

Die Dörfer, deren grasgedeckten Schilfhütten oft selbst hinter hohen Wänden aus frischem gelbem oder altem grauem Schilf verborgen liegen, sind auf trockenem Terrain weitab vom Fluß gelegen, außer Reichweite der jährlichen Überflutungen.

Aus der Luft kann man die silbrig mäandrierenden Wasser des Flusses deutlich erkennen. In endlosen Drehungen und Windungen um sich selbst scheint er doch regungslos zwischen dem vom Wind bewegten Uferröhricht zu liegen. Dort, wo der Fluß im Laufe der Zeit seinen Verlauf geändert hat, hat er zahlreiche Lagunen hinterlassen. Manche gleichen Ketten aus runden Silberperlen, durch lichten Schilf von-

Mitunter ist es ein Fischer, der sein *mokoro* aus dem Papyrusdickicht heraus nach Hause lenkt, die gefangenen Fische mit grünen Schilfhalmen um den Hals gebunden. Ein andermal erhebt sich vielleicht ein alter Mann aus dem Schatten, wo er ein Nickerchen gemacht hat, und wendet sich nun wieder dem Flicken seiner Netze zu, oder man trifft auf ein paar am Boden hockende Frauen, die Schilfrohrstücke putzen oder mit schweren Holzstößeln zerstampfen.

Wer an eine verwaiste Stelle gelangt, an der nur ein paar Einbäume am Ufer liegen, und mit etwas Glück vielleicht einen Graufischer bewegungslos auf einem Bug hocken sieht, der braucht nur eine Weile zu warten, bis unter Garantie Menschen erscheinen – zum Beispiel die Viehhirten, die ihre langbeinigen, buntgescheckten Rinder erst zur Tränke und dann zu den Viehkrals der Dörfer treiben, wo ihre Kälber schon auf sie warten.

Wer nicht den Rindern auf ihrem staubigen Pfad nach Hause folgen, sondern lieber in einem der Einbäume weiterfahren will, wird sofort erkennen, wie sehr die Vogelperspektive den Blick getäuscht hat, denn der Fluß ist durchaus keine einzige Wassermasse. Hinter jeder Biegung kann die Durchfahrt durch Papyrus und Schilf versperrt sein, und jeder Bootsfahrer wird in einer isolierten, eigenständigen Welt gefangen. Die Stille der grünen, schleimigen Wasser wird mal von der Strömung, mal von Wind oder Regen oder irgendeinem Lebewesen unterbrochen – von einem Fisch, der nach Luft schnappt, von Vögeln, die auf einer kleinen Insel rufen, und vom Schnauben eines Flußpferdes aus der Ferne.

Die meisten der Lagunen, die man aus der Luft so deutlich sieht, bleiben dem Wanderer auf der Erde verborgen. Nur in solchen Wasserarmen, die vom Hauptfluß abzweigen oder durch schmale, sandige Kanäle mit ihm verbunden sind, kann man still zwischen Seerosenblättern sitzen und sich der Gesellschaft von Enten, Gänsen, Eisvögeln, Spinten, Reihern und Schreiseeadlern erfreuen.

Möglicherweise wird der Heimkehrer bei der Ankunft am Landungssteg durch die unnahbaren und dennoch neugierigen Blicken der schweigenden Menschen verwirrt sein. Aber vielleicht hat ihn während seiner Zeit auf dem Fluß jene Ruhe ergriffen, die von dessen unaufhörlichem, gleichbleibendem Strömen ausgeht. Und vielleicht hat er durch diese Erfahrung verstanden – und sei es auch nur für den Augenblick –, warum die Menschen hier ihr Schicksal, das tief in ihren Augen verborgen scheint, gelassen akzeptieren, und er wird begreifen, daß es nachts, beim Klang der Trommeln, keine Fesseln gibt, welche die Seele an diesem Ort Afrikas beschränken könnten.

einander getrennt oder durch Flußpferdpfade miteinander verbunden. Andere sind breit und lang, ihr Wasser von Seerosen bedeckt. Wo Wasser und Land aneinandergrenzen, verdecken dichte grüne Baumkronen das Ufer.

Von unten betrachtet, erhebt sich das smaragdgrüne Kronendach der Baumriesen, die sich in eng gedrängten Reihen am Ufer erheben, weit über den Kopf des Betrachters. Zwischen den Stämmen schwirren und flattern unzählige Vögeln umher, deren sanfte Gesänge nur ab und zu vom klaren Bimmeln einer Ziegen- oder Kuhglocke unterbrochen werden. Über allem schwebt beständig ein Hauch von frischem Dung.

Alle Wege führen in Richtung Fluß, und wo sie zusammenlaufen wie Adern zum Herzen, stößt man auf Menschen. Mal sind es nur einer oder zwei, mal auch eine größere Anzahl, doch kommen und gehen sie schweigend, genau wie der Fluß.

Im Pfannenstiel des Okavango-Deltas ist Reichtum gleichbedeutend mit Wasser, da Wasser auf dem Land Gras, gute Ernten und fette Rinder bedeutet, während es als Fluß reichlich Schilf und Fische liefert.

Freie Natur

»Manche Menschen können ohne die freie Natur und ihre Wesen leben, und andere sind dazu nicht in der Lage. Wie Wind und Sonnenuntergang nahm man die freie Natur als selbstverständlich hin, bis der Fortschritt sie zu verdrängen begann. Nun stehen wir vor der Frage, ob ein noch höherer ›Lebensstandard‹ es wert ist, mit all dem bezahlt zu werden, was naturhaft, wild und frei ist.

Ich gebe zu, daß sich die Wesen der Wildnis geringer menschlicher Wertschätzung erfreuten, bevor uns die Zivilisation jederzeit ein gutes Frühstück garantierte und ehe die Wissenschaft das Schauspiel enthüllte, woher sie kommen und wie sie leben. Dadurch läuft der ganze Konflikt auf eine Frage der Bewertung hinaus. Wir von der Minderheit sehen beim Fortschritt das Gesetz sinkender Erträge am Werk; unsere Gegner tun das nicht.

Das Bestreben um die Erhaltung der Natur erreicht nichts, weil es sich nicht mit unserem alttestamentarischen Verständnis von der Erde verträgt. Wir mißbrauchen Land, Wasser und Luft, weil wir sie als Sachen ansehen, die uns gehören. Wenn wir die Erde dagegen als eine Gesamtheit ansehen, zu der wir gehören, gelingt es uns vielleicht, unsere Umwelt mit mehr Liebe und Respekt zu behandeln.

Daß das Land eine Gesamtheit ist, ist das Grundkonzept der Ökologie, daß es geliebt und geachtet werden muß, gehört zur Ethik. Daß das Land eine kulturelle Ernte bringt, ist seit langem bekannt, aber letzthin oft vergessen worden.«

Aldo Leopold, aus *Am Anfang war die Erde. »Sand County Almanac«*.

Wasser ist ein Bindeglied, das vielerlei Belebtes und Unbelebtes zusammenführt und einen unerbittlichen Fluß schafft.

IM LAND VON OKAVANGO UND CHOBE

Vorherige Seite:
Die HaMbukushu, von denen viele am Fluß leben, vertrauen darauf, daß die Krokodile sie kennen und nicht fressen werden; deshalb gehen sie munter auch dort baden, wo andere Menschen nicht einmal einen Fuß ins Wasser zu setzen wagen.

Oben und gegenüberliegende Seite:
Im September und Oktober beobachten die Fischer, wohin die Reiher fliegen – möglicherweise führen die Vögel sie ja zu fischreichen Stellen.

»Kannst du den Leviathan ziehen mit dem Haken und seine Zunge mit einer Schnur fassen?
 Kannst du ihm eine Angel in die Nase legen und mit einem Stachel ihm die Backen durchbohren?
 Meinst du, er werde dir viel Flehens machen oder dir heucheln?«

Hiob 40: 25–27

Die Krokodiljagd

VON WILLIE PHILLIPS

Der Berufsjäger, Touristenführer und Naturforscher Willie Phillips erinnert sich an die frühen Tage der Krokodiljagd in den sechziger Jahren. In der westlichen Welt war Krokodilleder ein begehrter Modeartikel, und die Jagd auf Krokodile bot ein abenteuerliches Leben in der afrikanischen Wildnis.

Für gewöhnlich blieb ich elf Monate im Delta, ohne jemals herauszukommen. Es gab keine Funkverständigung, und so wußte ich nicht, wer gestorben war, wer geheiratet hatte, wer Babys bekommen hatte und wer nicht . . .

Für einen südafrikanischen Lederhersteller jagten wir Krokodile auf Prämienbasis. An manchen Tage schossen wir zwischen dreißig und vierzig Stück. Bei Nacht jagten wir im Scheinwerferlicht von Wasserfahrzeugen aller Art aus, sei es nun Floß, Einbaum oder Boot. Der Jäger schätzte die Entfernung ab, aus der er auf das Krokodil schießen konnte, so daß der hinter ihm stehende Mann einen Fischhaken unter das Krokodil bringen und es so hochziehen konnte, damit wir es mit den Händen zu fassen bekamen; gelang das nicht, so war die Beute verloren. Im Team waren stets zwei Abdecker, die den Krokodilen an Ort und Stelle die Haut abzogen.

Ich konnte nicht schwimmen, was die Angelegenheit recht aufregend machte. Wenn wir ins Wasser fielen, hielten wir uns einfach an allem fest, was im Wasser trieb. Wir wurden von Büffeln gejagt oder von Elefanten und Löwen über den Haufen gerannt, aber so lange man lebend davonkommt, gibt es meines Erachtens keine schlimmen Erlebnisse.

In jenen Tagen gab es kein Wildlife Department, und so konnte man im Busch tun und lassen, was man wollte. Wer Appetit auf Flußpferd verspürte, knallte einfach eins ab und verspeiste es. Hier draußen hielt sich keine Menschenseele auf, nicht mal die Polizei. Es gab weder Einzeljagdhütten noch -zelte, und die Krokodiljäger besaßen überhaupt keine Zelte. Bei Regen schliefen wir unter den umgedrehten Booten. Die einzige Sorge bestand darin, daß der Sack mit dem Maismehl nicht naß wurde.

»Zunächst einmal mußten wir uns eine grundlegende Frage stellen: Welchen anderen Zweck haben Wissen und Forscherdrang, als den, die eigene Situation zu verbessern? Sie können nur das Schicksal derjenigen verbessern, die mehr brauchen. Die biologische Funktion des Strebens nach Wissen besteht darin, unsere Fähigkeit zur Nutzung unserer Umwelt zu verbessern. Unser Wissen über Krokodile war letztendlich nur für diejenigen von Nutzen, die weit entfernt vom Rudolfsee lebten und – weil sie sich eingeengt fühlen – nach mehr Ressourcen, Ideen und Raum strebten.

Welche Bedeutung hatte nun unser zunehmendes Wissen über Krokodile für das Volk der Turkana? Mensch und Raubtier bleiben nach wie vor unvereinbar; daran können auch unsere Ergebnisse nichts ändern. Doch erweist sich der schlechte Ruf der Krokodile als Vorurteil – zumindest bei den Menschen, die darum bemüht sind, die Tiere näher kennenzulernen –, allerdings werden auch unsere Fakten nicht die Auffassung der Turkana ändern. Denn Krokodile bleiben nun einmal üble, feindliche Bewohner des Sees. Dennoch würde es keinem Turkana jemals einfallen, die Krokodile auszurotten. Sie hassen die Tiere nicht einmal. Nur wir hochzivilisierte Menschen aus einer übervölkerten Gegend kommen auf den Gedanken, daß man Krokodile hassen, lieben, ausnutzen oder ausrotten kann.«

Alistair Graham, *Eyelids of Morning*

Oben: *Jäger, die selbst gejagt wurden.*
Links: *Ian McColl verlor in der Vergangenheit einmal seinen Job, weil er gegen ein Jagdverbot verstoßen hatte.*

Gegenüberliegende Seite:
In der afrikanischen Volksmedizin und Zauberkunst werden Krokodilszähnen besondere Heil- und Hexenkräfte zugeschrieben.

Links: *Eine Fahrt mit dem* mokoro *wird bestimmt durch Stille und das rhythmische Eintauchen des* ingushi.
Unten: *»Wer sein* ingushi *zu tief stößt, bleibt mit ihm stecken.« (Sprichwort der HaMbakushi)*
Gegenüberliegende Seite: *Räucherfisch über einem offenen Feuer.*

Der Flußbuschmann Kikaneman

Nach etlichen Monaten intensiven Fischens im Fischercamp von Nxamaseri beschließt P. J. Bestelink kurz vor Beginn der Regenzeit, wenn das Camp geschlossen wird, mit dem *mokoro* vom Pfannenstiel aus südwärts ins Delta zu fahren.

Während P. J. seinen Einbaum mit Vorräten für etwa eine Woche belädt, packt er auch ein Päckchen gemahlenen Kaffee und etwas Tabak als Geschenk für seinen Freund Kikaneman ein, den er gerne besuchen möchte. Das hängt allerdings davon ab, ob P. J. noch vor Einsetzen der Regenfälle das recht weit im Süden liegende Xaxaba erreicht. Kikaneman ist ein Flußbuschmann, der auf der Insel Little Seronga lebt, die zu dem Flecken Xaxaba gehört. Da er ausschließlich von der Fischerei lebt, ist Kikaneman stets für ein Geschenk von der Außenwelt dankbar.

Das Wetter meint es gut mit P. J., und so kommt er nach einer Woche wohlbehalten auf Little Seronga bei Kikaneman an. Wie immer erscheint der Flußbuschmann mit breitem Grinsen und schaut neugierig in den Einbaum.

»Was du haben mir gebracht, P. J.?«

P. J. ist froh, an das Gastgeschenk gedacht zu haben, und überreicht ihm Kaffee und Tabak, die erstaunlicherweise trocken geblieben sind.

»Und wo sein Zucker, P. J.?«

P. J. kramt zwischen einigen Bündeln den Zucker hervor.

»Das aber kleines Päckchen, P. J.!«, entfährt es Kikaneman.

Mit deutlichem Unmut setzt P. J. dem Fischer auseinander, daß er nun mehr sieben Tage lang den ganzen weiten Weg von Nxamaseri gepaddelt sei, und immerhin sei der Zucker Zucker geblieben.

»Das gar nichts«, erwidert Kikaneman. »Mich schon haben besucht Menschen aus Japan!«

Nachdem die beiden Männer später zum Abendessen gemeinsam eine Brasse verzehrt und etwas von Kikanemans Kaffee getrunken haben, sitzen sie in stiller Freundschaft am Feuer. Der aufgehende Vollmond taucht die Welt in ein weiches, nebliges Licht, und beide verfolgen das fesselnde Schauspiel am Himmel. P. J., der vielleicht noch ein bißchen durch Kikanemans Begrüßung gekränkt ist, möglicherweise aber auch nur plaudern will, kann sich die Bemerkung nicht verkneifen: »Stell dir vor, Kikaneman, da gibt es ein paar sehr weise Menschen, die sind schon auf den Mond und wieder zurück geflogen.«

Lange Zeit beobachtet Kikaneman schweigend, wie der Mond über dem Horizont aufgeht. Dann deutet er mit seinem Stock auf die Stelle, wo der Planet aufgetaucht ist. »Von dort drüben«, sagt er, »nicht sehr schwer sein – fünfzehn Tage Paddeln vielleicht. Aber wenn Mond hier oben«, und er deutet auf den Himmel über seinem Kopf, »dann das sein völlig anderes.«

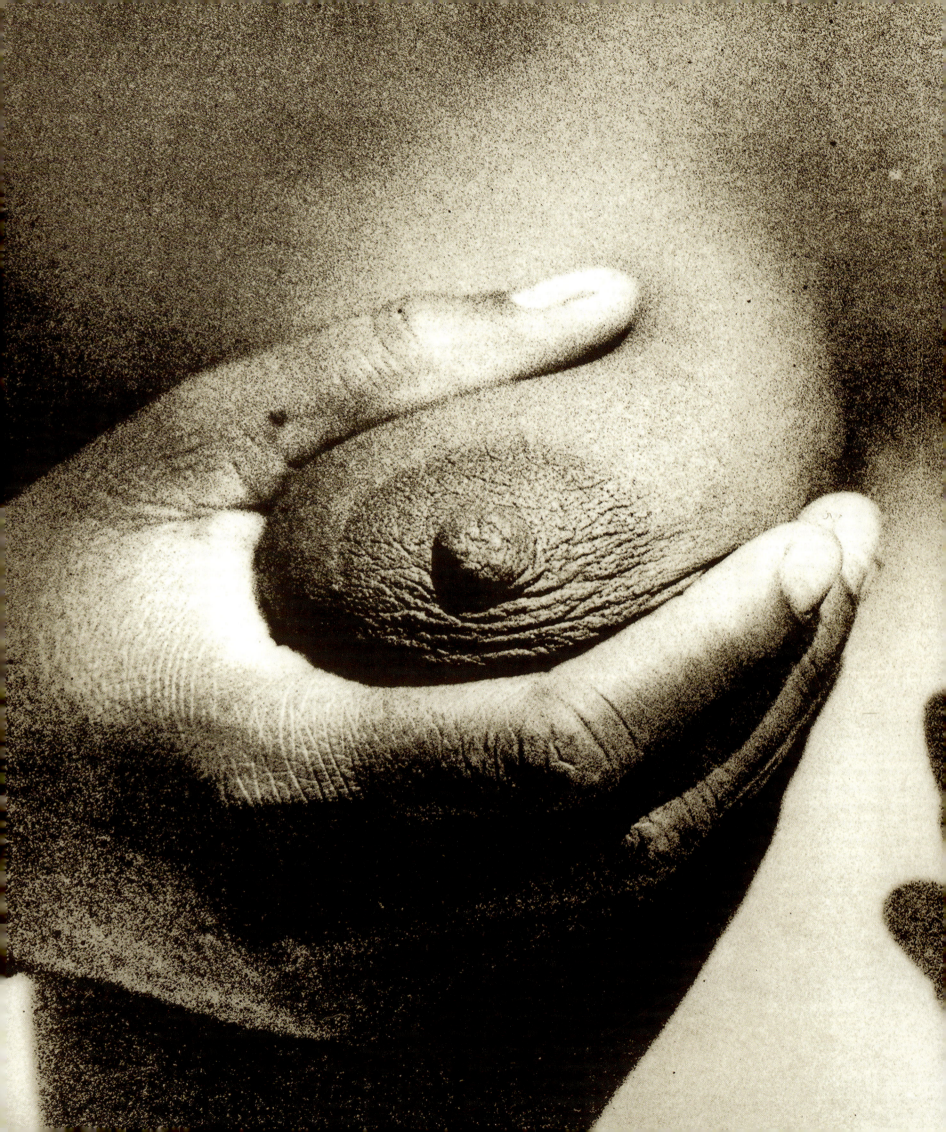

DIE GRÜNEN ADERN DES FLUSSES

Überall leben hier Vögel, ob im oder auf dem Wasser, in Schilf und Bäumen, am Boden und in der Luft. Es gibt große und kleine Vögel, leuchtende und unscheinbare, Einzelgänger oder Schwärme, die den Himmel verdunkeln. Einige bleiben immer hier, während sich andere nur als Sommergäste aufhalten und dann weiterziehen.

Im Uhrzeigersinn von links: *Bronze-Sultanshuhn, Seidenreiher, Rallenreiher, Karminspint.*

Folgende Seiten: *Ein Afrikanischer Scherenschnabel.*

Wildnis

»Wildnis ist das Rohmaterial, aus dem der Mensch jenen Artefakt gemeißelt hat, der als Zivilisation bezeichnet wird.

Die Wildnis war nie ein gleichförmiger Rohling, sondern stets sehr unterschiedlich, und auch die sich daraus ergebenden Artefakte sind sehr verschieden. Man nennt sie Kulturen. Die reiche Vielfalt der Kulturen der Welt spiegelt eine entsprechende Vielfalt der Wildnis wider, aus der diese entstanden sind.

Erstmals in der Geschichte der Menschheit drohen nun zwei Veränderungen. Die eine ist die Erschöpfung der Wildnis in den bewohnbaren Teilen der Erde. Die andere ist die weltweite Vermischung von Kulturen durch moderne Transportmittel und Industrialisierung. Keine dieser beiden Veränderungen läßt sich verhindern, und vielleicht sollte man es auch gar nicht versuchen, aber dennoch erhebt sich die Frage, ob durch ein vorsichtiges Einwirken auf die bestehende Situation bestimmte Werte erhalten bleiben könnten, die andernfalls verloren gingen.

Für den Arbeiter, der im Schweiße seines Angesichts das Rohmaterial auf dem Amboß formt, ist dieses ein Widersacher, der besiegt werden muß. In diesem Sinn war auch die Wildnis für den Pionier ein Gegner.

Wenn der Arbeiter die Welt jedoch in einem Moment der Ruhe betrachtet, sieht er dasselbe Rohmaterial als etwas liebens- und schützenswertes, weil es seinem Leben eine Bestimmung und Bedeutung verleiht. Dies ist ein dringender Appell an alle, einige Restbestände von Wildnis als Museumsstücke zur Erbauung derer zu erhalten, die vielleicht eines Tages den Ursprung ihres kulturellen Erbes sehen, fühlen oder erforschen wollen.«

Aldo Leopold, aus *Am Anfang war die Erde. »Sand County Almanac«*.

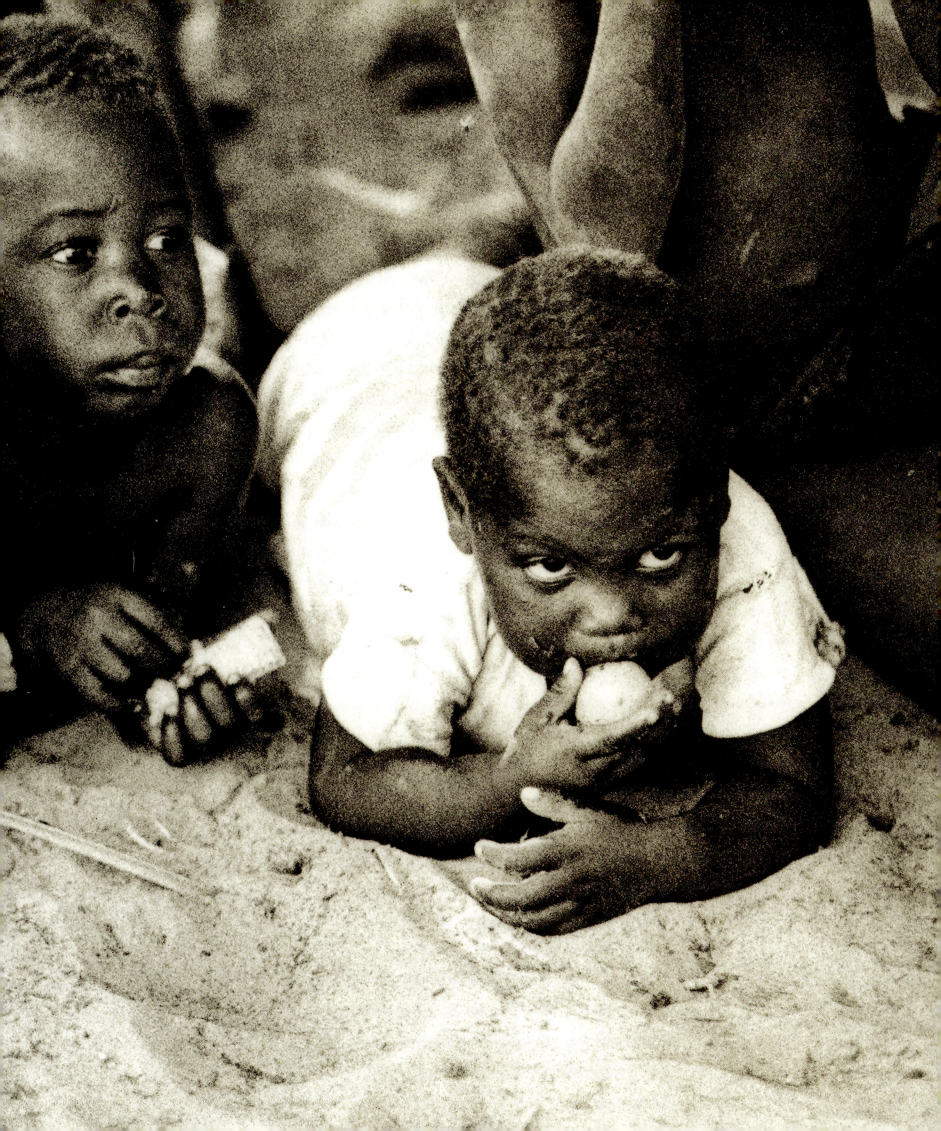

IM LAND VON OKAVANGO UND CHOBE

Die Gärten Gottes

»Durch den Schutz der Natur könnte der Mensch
seine Würde und Freiheit wiedererlangen,
denn die Wurzeln des Himmels ruhen in der Erde.«

VS Pritchett, *A Review*

*Im östlichen Teil des Okavango-Deltas ist das Land so flach, wie Land
nur sein kann. Die Erdoberfläche besteht hier aus einer Reihe gewaltiger
Platten, die sich hin und wieder um den Bruchteil eines Grades neigen,
so daß sich die Fließrichtung der Flüsse von einem zum anderen Jahr
umkehren kann. In der Trockenzeit, wenn das Gras leblos und gelb ist und
jedes Lebewesen feinen grauen Staub aufwirbelt, kann man
unmöglich ausmachen, wo die Schwemmebenen enden und die riesige
Kalahariwüste beginnt. Nur während der jährlichen
Überschwemmung wird dies deutlich.*

73

Neben den eigentlichen Jahreszeiten gibt es im Okavango-Delta zwei weitere eindeutige Zeitabschnitte: Die Dürre und die Zeit nach der Überschwemmung.

Wenn ein feiner Überzug aus Wasser allen Staub geschluckt und alle Pfade verwischt hat, so könnte dieser Ort das Szenario für den dritten und fünften Tag der Schöpfung bilden: Überall hat sich Wasser gesammelt, aus dem das ausgedörrte Land gerade aufgetaucht ist, das nun in neuem, frühlingshaften Grün prangt. Das Wasser bringt zahlreiche Lebewesen hervor, Vögel ziehen über die Weiten des Firmaments, und alles ist gut.

Dies ist auch ein Ort der Wunder, denn nirgendwo sonst im Delta fällt der durch die jährliche Überschwemmung bedingte Wandel so drastisch aus. Hier ist das Land flach und völlig hügellos, jedoch wirkt es nicht wie eine Ebene, denn überall wird die Landschaft bis zum Horizont von Inseln unterbrochen und aufgelockert. In der Trockenzeit sind diese kaum mehr als kleine Erhebungen in der Ebene, etwa einen oder zwei Meter über einem Meer aus gelbem Gras.

Die ausgedehnten Flächen verdorren unter der sengenden Sonne. Wo das Gras kurzgeschnitten wurde, wird der feine graue Staub von heftigen Winden aufgewirbelt, die über die Ebene jagen und durch das heruntergefallene Laub rascheln, bevor sie genauso plötzlich, wie sie kamen, wieder verschwinden. Wie ein Schleier hängt der Staub über dem Land, er raubt dem Sonnenuntergang seine Wärme und läßt die Sonne als blutroten Ball an einem dunkel-purpurgrau verfärbten Himmel erscheinen.

Eines Tages ist das Wasser plötzlich da. Man kann einfach nur dastehen und es beobachten, oder man folgt seinem Lauf, einem schmalen, gerade fingerdicken Rinnsal, das sich einen Weg durch den trockenen Sand bahnt, kleine Vertiefungen füllt und sich dabei ständig verbreitert.

Aus dieser befremdlichen Stille ist nur das sanfte Blubbern der Blasen in der Dunkelheit zu vernehmen, wenn das Wunder fast über Nacht seinen Lauf nimmt und die Wüste in ein Meer verwandelt. Dort, wo man gestern noch gehen oder fahren konnte, muß man nun waten oder ein Boot nehmen. Überall ist Wasser, ruhig und blau, als wäre es schon immer hier gewesen.

Nur an flachen Stellen oder Engpässen kann man den Druck der Wassermassen erkennen. Die Erhebungen verändern ihr Aussehen, wenn sie vom Wasser umspült werden, und verwandeln sich auf wunderbare Weise in hunderte von Inseln, die gleichzeitig aus diesem flachen Meer herausragen.

Einige dieser Inseln sind klein und haben nur wenige Meter Umfang, andere hingegen erstrecken sich über viele Kilometer. Auf fast allen stehen auffällig gewachsene Bäume, die sich zum Himmel recken und die Entfernungen verwischen – kleine, individuelle Refugien eines verborgenen Paradieses.

Doch findet man hier seltsamerweise keinen Frieden, denn die Schönheit und Pracht dieser Inseln sind einem stetigen Wandel unterworfen, der Erwartung und Begeisterung hervorruft und einen immerfort verlockt – als läge am Rande jedes Szenarios, hinter jeder palmenbedeckten Insel oder an jedem grünen Ufer, an dem Moorantilopen grasen, ein anderer Anblick der Vollkommenheit.

Mit jeder neuen erbaulichen Kleinigkeit, die hinzukommt, wird der Geist nicht etwa zufriedener, vielmehr entwickelt dieser einen bohrenden Hunger, der immer größer und unmäßiger wird. Vielleicht werden hier, zwischen Wasser, Erde, Himmel und Sternen, unsere Wurzeln offenkundig, und so versuchen wir, unsere Bestimmung in der Natur wiederzufinden. Vielleicht erhalten wir hier eine Antwort auf unsere Fragen. Man fühlt es zum Greifen nahe, und dennoch entzieht es sich dem Begreifen.

Wer diesen Sinn genau erfassen will, muß innehalten.

Vorherige Seiten: *Während der Trockenzeit wirbelt eine galoppierende Streifengnuherde dicke Wolken aus feinem Staub auf.*

Links: *Mit leichtem Kniedruck, einem gelegentlichen Stubs gegen die Ohren und sanften Worten treibt ein Mahout seinen Schützling in der Dämmerung zum Camp zurück.*

IM LAND VON OKAVANGO UND CHOBE

DIE GÄRTEN GOTTES

Folgende Seite: *In meiner Phantasie erscheinen mir die Dämpfe, die beim Reinigen dieses Moorantilopenschädels zwischen den Hörnern emporstiegen, als eine Art Reinkarnation der Seele des Tieres.*

Eine Safari hoch zu Elefant bietet die gute Chance, eine kurze Zeit in enger Verbindung mit den Tieren zu stehen und so etwas über ihren Charakter zu erfahren.

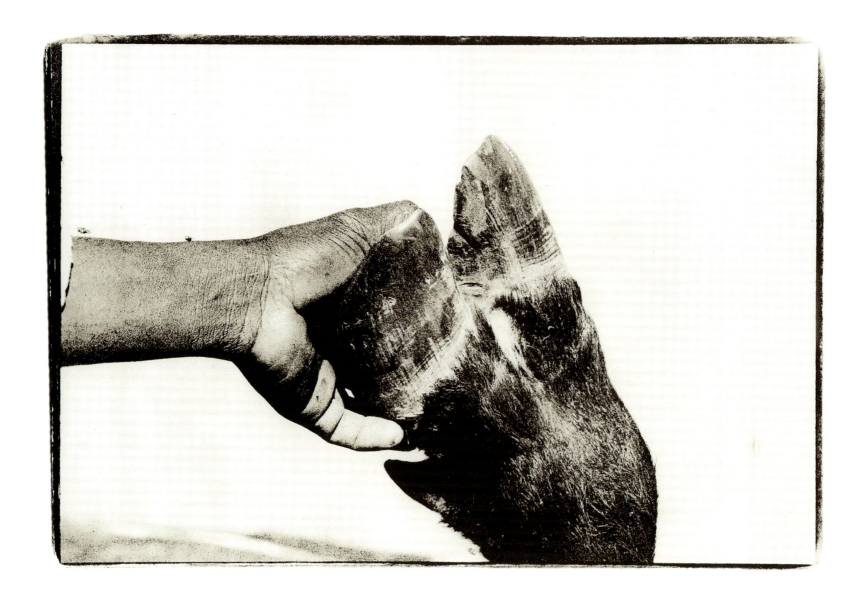

Büffeljagd

Eine eisige Kälte liegt über diesem nebelverhangenen Julimorgen. Die Spurrillen des Geländewagen treten so deutlich und klar hervor, wie es nur an besonders kalten Morgen der Fall ist. In Begleitung von Jeff Rann, einem professionellen Jäger, und den beiden Spurenlesern Sable und Othosetswe verläßt Howard Holly das Jagdcamp am Kiri Channel, um einen *kwatale* zu erlegen.

Kwatale ist die Bezeichnung für einen besonders alten, erfahrenen Kaffernbüffelbullen, der sich meist von der Herde abgesondert hat, um seine letzten Tage allein oder in kleinen Gruppen in der Widnis zu verbringen. Oft bleiben sie ihrem alten Wesen treu, denn *kwatale* sind erfahrene Kämpen und leicht aufbrausend. Diese Bullen tragen die Insignien ihrer Natur auf der Stirn – gewaltige, stark verkrustete Höcker, von eindrucksvoll geschwungenen Hörnern gekrönt.

Aus hohen Gras leuchtet den Jägern das Schwarzweiß der Zebras entgegen; hier und da strecken wachsame Sassabys ihre Köpfe aus dem Gräsermeer hervor. Die Grassavannen gehen in Wälder über, überragt von den ausladenden Kronen der Ebenholzbäume und Würgfeigen; dazwischen wirft das dichte Laub der Mangostanbäume dunkle Schatten. Zwischen den Bäumen schlüpfen Riedböcke umher und knabbern an frischen Trieben; über ihnen spielen Grüne Meerkatzen, die die Waldbewohner mit ihrem lauten Gezeter vor dem nahenden Fahrzeug warnen.

Im Auto ist es hingegen mucksmäuschenstill; die Augen der Jäger schweifen über den grünen Vorhang und halten nach möglichen Hinweisen auf einen verborgenen *kwatale* Ausschau. Eine plötzliche Bewegung, ein dunkler Schatten, ein Stück Fell, vielleicht ein Paar Augen ...

Als die Wärme der Sonne das Land einhüllt, wagen sich Moorantilopen aus ihren grasbewachsenen Verstecken. Erschrocken machen sie einen Satz und springen durchs Wasser, wobei ihre Silhouetten elegante Muster gegen die Sonne zeichnen. Die Stoßzähne eines Elefantenbullen, der Blätter von einem Mopanebaum gefressen hat, blitzen hell, und als er mit den Ohren wedelt, hüllt er sich einen feinen Staubkranz. In scheinbarer Solidarität mit ihm beginnt eine Herde Streifengnus, die Köpfe zu schütteln; ihr possenhaftes Verhalten steigert sich zu einem wiederholten Bocken und Herumtänzeln, bis die Tiere in wildem Durcheinander davonstieben.

Othosetswe und Sable versuchen, die Ereignisse der Nacht anhand der Spuren am Boden nachzuvollziehen. Plötzlich

Jeff überprüft die Windrichtung. Dann sucht er das Gelände nach Deckung ab und beschließt, in einem Halbkreis um die Büffel herumzufahren, um in eine günstigste Ausgangsposition zu gelangen. Dort läßt er das Fahrzeug im Schatten eines Ebenholzbaumes stehen, und die Jagd kann beginnen.

Othosetswe geht voran, gefolgt von Jeff und Howard, während Sable das Schlußlicht bildet. Alle Männer sind mit großkalibrigen Gewehren bewaffnet. Es verspricht, ein langer Marsch zu werden. Die Jäger ziehen ihre Jacken aus, und nun bewegt sich die Jagdgesellschaft lautlos auf die Büffel zu. Wann immer es möglich ist, nutzen sie die Deckung von Bäumen, Büschen oder Termitenhügeln; an Stellen mit kurzem Gras gehen sie tief gebückt oder kriechen. Sie verständigen sich durch Zeichen, Entscheidungen werden rasch und zügig getroffen. Bisweilen heben Jeff oder Othosetswe die Hand, und die Gruppe fällt dann minutenlang in völlige Regungslosigkeit, um zu warten.

werden sie einiger Löwenspuren ansichtig, auf die sie fachmännisch mit ihren Stöcken deuten. Leise sprechen sie miteinander und nicken einander zustimmend zu: Ja, hier ist tatsächlich eine Löwin mit ihren Jungen vorbeigezogen, und erfreut lachen beide Männer gemeinsam über diesen Fund.

Sable blickt augenblinzelnd zum Horizont und deutet mit dem Stock in eine Richtung. »*Phologolo*«, murmelt er und nickt mit dem Kopf. Othosetswe kneift ebenfalls die Augen zusammen und mustert die größer werdende Staubwolke. Die Jagdgesellschaft ist zu weit entfernt, als daß sie die Tiere hätte aufschrecken können. Die Staubwolke wird größer, läßt aber nicht auf eine normal ziehende Herde schließen.

Die Fährtenleser, die auf der Ladefläche des Fahrzeugs sitzen, klopfen an die Scheibe, woraufhin Jeff anhält und aussteigt, um die Staubwolke durchs Fernglas zu betrachten. Schnell macht er die typische dunkle Masse einer Herde von Kaffernbüffeln aus, die langsam grasend dahinzieht; aufgrund der Größe der Staubwolke kann man von einer größeren Mengen an Tieren ausgehen.

Über eine Stunde pirschen sich die Männer heran, bis sie schließlich eine Herde von etwa 150 Kaffernbüffeln erblicken. Nun kommen die jahrhundertealten Tricks erfolgreicher Jäger zum Einsatz: Von nun an müssen sie sich bedächtig und unauffällig bewegen, da jede überstürzte Bewegung die Tiere sofort alarmieren würde.

Dies ist Howards erste Büffeljagd, und sein Mund ist vor Aufregung völlig trocken. Seine Hände umklammern das Gewehr und zittern leicht. Die Jäger verharren in der Hocke, während Jeff die Herde nach einem *kwatale*, einem kapitalen Bullen, absucht. Die Minuten schleppen sich dahin, und Hitze und Anspannung treiben den Jägern Schweißperlen auf die Stirn. Dann hat Jeff ein geeignetes Tier gefunden. Nachdem er die Entfernung abgeschätzt hat, zeigt er dem Hobbyjäger, welche Waffe und Munition sich am besten für den Schuß eignen.

Weitere endlose Minuten verstreichen, bis der richtige Moment für den Schuß gekommen ist, da die Herde ständig in Bewegung ist; zudem muß der ausgewählte Büffel auch weit genug von der Herde entfernt sein, um sauber erlegt

Oben links:
Der Raum mit den Jagdtrophäen.
Oben:
Ein aufgehängter Büffelkadaver vor dem Abhäuten.

Im Herdenverband sind Kaffernbüffel zwar in der Regel zurückhaltend, die entschlossene Wildheit von Einzeltieren ist jedoch nicht zu Unrecht legendär.

werden zu können. Die Jäger begeben sich in eine bessere Position hinter einen großen Termitenhügel, um näher an den Büffel heranzukommen. Wiederum vergeht endlose Zeit des Abwartens und Beobachtens. In fiebriger Erwartung umklammert Howard sein Gewehr mit weißen Knöcheln.

Endlich ist der richtige Moment da. Der Bulle hat sich beim Grasen etwas von der Spitze der Herde abgesetzt. Mit einem Zeichen fordert Jeff Howard auf, sein Gewehr in einer Astgabel aufzulegen. Die Spannung des Augenblicks läßt die Zeit stillstehen, bis der laute Knall des Gewehrs weit über die Ebene hallt.

Als geschlossene dunkle Masse donnert die Herde in einer dichten grauen Staubwolke davon. Der angeschossene Büffel bleibt allein zurück und steht reglos da; noch ist er nicht zu Boden gegangen. Jeff checkt mit dem Fernglas, wo die Kugel eingedrungen ist – knapp unterhalb der Schulter.

Der Büffel bringt seine letzten Kräfte auf und schleppt sich hinter einen Termitenhügel, der von Schlingpflanzen und Büschen überwuchert ist. Die Jäger verlassen ihre Deckung und überqueren das offene Gelände, ohne den Termitenhügel aus den Augen zu lassen. Die Anspannung steht ihnen deutlich ins Gesicht geschrieben.

Sobald der massige, hörnergeschmückte Kopf mit den Schultern zu sehen ist, weist Jeff den Jäger an, nochmals zu schießen. Howard reagiert sofort, legt sein Gewehr an, zielt und schießt.

Erneut wird der Bulle getroffen, doch auch jetzt fällt er nicht, sondern zieht sich in ein Dickicht aus Krotonbüschen und Kletterpflanzen zurück. In Windeseile springen die Jäger auf den Termitenhügel und spähen in den Busch ringsum.

Lautlos verharrt der Büffel im dichten Gestrüpp. Den Jägern läßt der Schweiß die Hemden am Rücken festkleben. Es herrscht eine angespannte Stille.

Eine leichte Bewegung, ein Geräusch, dann ist der Büffel erneut durch eine Lücke im Buschwerk zu sehen. Howard feuert. Nochmals getroffen hält der Büffel inne und dreht sich um. Er hebt seinen Kopf, um Witterung aufzunehmen, und bleibt dann wie versteinert stehen. Inzwischen greift Howard nach seinem Ersatzgewehr.

Jeff ist sich bewußt, daß der Büffel nur auf eine günstige Gelegenheit wartet, um die Jäger dann anzugreifen, wenn sie nahe genug an sein Versteck herangekommen sind. Langsam nähern sich die Jäger mit bedächtigen Schritten dem Dickicht. Howard meint, das Adrenalin in seinem Mund förmlich schmecken zu können.

Mit einer letzten Kraftanstrengung setzt der Büffel seine enorme Masse in Bewegung und rennt direkt auf die Jäger zu. Augenblicklich hat Jeff sein Gewehr angelegt und feuert in rascher Folge zwei Schüsse ab. Ein aus zwölf Metern Entfernung seitlich abgegebener Schuß in den Kopf des Büffel hält das Tier nicht auf; erst nachdem ihm eine Kugel aus sechs Metern ins Gehirn gedrungen ist, bricht der Bulle schließlich im Staub zusammen.

Die Welt scheint stillzustehen, als die Jäger auf den erlegten Büffel herabschauen. Aus seinen Wunden tropft das Blut, und der Schaum aus seinen Nasenlöchern vermengt sich mit der Staub, der aus der Luft herabsinkt.

Die Jäger schütteln sich die Hand. Der Büffel ist gefährlich nahe an die Männer herangekommen, und so dauert es einige Zeit, bis ihr nervöses Lachen die angestaute Anspannung und Erregung freisetzt. Othosetswe und Sable sind überglücklich.

Die Jäger brauchen über eine Stunde, bis der Büffel verladen ist und sie zum Camp zurückfahren können. Die Männer sind erschöpft, verschwitzt und staubig, und an ihren Hände kleben Blut und Dreck. Ihr Mienenspiel verrät Ernst, und doch wirken sie gelassen, während ihre Gedanken sich in der Weite der afrikanischen Savanne verlieren.

Diese Jagd ereignete sich im Winter 1995. Seit Bestehen der Menschheit hat der Mensch gejagt, doch in unserem heutigen Leben hat das Jagen keinen festen Platz mehr. Was können wir durch die Jagd gewinnen und was verlieren? Ist sie ein Privileg oder ein Grundrecht?

DIE GÄRTEN GOTTES

Haftstrafen- und Bußgeldkatalog im Rahmen des neuen Tierschutz- und Nationalpark-Gesetzes von 1992

Auszug aus The Okavango Observer *von Freitag, dem 26. Februar 1993*

Durch die Einführung einer Reihe neuer Haft- und Geldstrafen hat Botswana einen wichtigen Schritt zum Schutz seiner gefährdeten Tierwelt unternommen, insbesondere seiner Nashorn- und Elefantenpopulationen.

Bei Verstößen gegen dieses Gesetz verliert jeder Verurteilte, der eine Geldstrafe von 2000 Pula oder mehr erhielt, sämtliche Waffen oder Fallen, jedes erlegte Tier, jedes Kraft-, Luft- oder Wasserfahrzeug, das er zum Zwecke der Ausübung oder in Zusammenhang mit der Straftat verwendet hat, an den Staat. Jeder, der für eine Straftat verurteilt wird, deren Bestrafung auf 1000 Pula oder mehr festgesetzt ist, verliert seine Jagdlizenzen.

100 000 Pula Strafe und 15 Jahre Haft sind das Strafmaß

• für das ungesetzliche Töten, Jagen oder Fangen eines Nashorns.
• für das fahrlässige Töten eines Nashorns während der Jagd, sofern der Fall nicht innerhalb von sieben Tagen gemeldet wurde.
• für das Töten eines Nashorns, wenn man dessen Horn nicht innerhalb von sieben Tagen einem zuständigen Beamten vorlegt; oder wenn festgestellt wird, daß man im Besitz des Nashorn-Hornes ist, das nicht entsprechend der gesetzlichen Bestimmungen vorgelegt wurde.
• für den Besitz und die Weitergabe von Nashorn-Hörnern oder jedweden Handel mit Nashorn-Hörnern.

100 000 Pula Strafe und zehn Jahre Haft

• für das Abfeuern einer Waffe auf ein Nashorn, sowie für das Aufschrecken, Treiben oder Annähern auf weniger als 200 Meter in einem Kraft-, Luft- oder Wasserfahrzeug in der Absicht, das Tier zu jagen oder zu fangen.

50 000 Pula Strafe und zehn Jahre Haft

• für das ungesetzliche Töten, Jagen oder Fangen eines Elefanten an einem beliebigen Ort in Botswana.
• für das fahrlässige Töten eines Elefanten während der Jagd, sofern man dies nicht innerhalb von sieben Tagen meldet.
• für das Abfeuern einer Waffe auf einen Elefanten, Aufschrecken, Treiben oder Annähern auf weniger als 200 Meter in einem Kraft-, Luft- oder Wasserfahrzeug in der Absicht, ihn zu jagen oder zu fangen.
• für das Töten eines Elefanten, wenn man seinen Unterkiefer, den Schwanz und die Stoßzähne nicht innerhalb von sieben Tagen einem zuständigen Beamten vorlegt, oder wenn festgestellt wird, daß man im Besitz von Stoßzähnen ist, die nicht registriert sind.
• für das Importieren von Elfenbein oder Stoßzähnen nach Botswana oder dessen/deren Erwerb in Botswana ohne ein Eigentumszertifikat, wenn man es/sie nicht innerhalb von sieben Tagen einem zuständigen Beamten vorlegt, oder wenn festgestellt wird, daß man im Besitz von Elfenbein oder Stoßzähnen ist, und nicht plausibel nachweisen kann, daß es/sie rechtmäßig eingeführt wurde/n und man der rechtmäßige Besitzer ist.

10 000 Pula Strafe und sieben Jahre Haft

• für das ungesetzliche Töten, Jagen oder Fangen eines Tieres in einem der vier Nationalparks.
• für das ungesetzliche Jagen oder Fangen eines geschützten Tieres an einem beliebigen Ort in Botswana.
• für das Aufschrecken, Treiben, Fangen, Schießen und Jagen aus weniger als 200 Meter Entfernung von Wildtieren von einem Kraft-, Luft- oder Wasserfahrzeug aus. Ausnahmen sind Fälle von Selbstverteidigung, wenn das Tier Schäden an Nutztieren, Nutzpflanzen,

Links: *Ein Jäger erschlägt eine Sporengans mit der Keule, um sie später zu verzehren.*

Rechts: *Ein Jäger im Ansitz.*
Unten rechts: *Eine doppelläufige Flinte vom Typ Holland & Holland.*
Ganz unten: *Ein Leopard wird abgehäutet.*

Wasserleitungen oder Zäunen verursacht hat oder zu verursachen droht, oder wenn man dies tut, um das Tier von einem Flugplatz oder Notlandestreifen zu vertreiben.

5000 Pula Strafe und fünf Jahre Haft

• für das Jagen oder Fangen eines Tieres in den sechs Wildreservaten und im Maun-Wildschutzgebiet beziehungsweise für das Jagen oder Fangen von Wildvögeln mit Ausnahme von jagdbaren Vögeln in einem der beiden Vogelschutzgebiete.
• wenn man ein Tier verwundet hat und nicht alle Schritte unternimmt, die unter diesen Umständen sinnvoll sein können, um das Tier so schnell wie möglich zu töten, oder wenn man, sofern es sich um ein gefährliches verwundetes Tier handelt, den Vorfall nicht meldet und das Tier nicht außer Gefecht setzt oder setzen kann.
• für das Jagen oder Fangen eines jagdbaren Tieres bei Nacht oder den Einsatz von Blendlampen zum Zweck der Jagd oder des Fanges von jagdbaren Tieren; Ausnahmen sind der Besitz einer gültigen Jagdlizenz, die eigene Verteidigung, oder wenn das Tier Schäden an Nutztieren, Nutzpflanzen, Wasserversorgungen oder Zäunen verursacht hat oder zu verursachen droht.
• für den Verkauf oder sonstigen Handel oder die Herstellung irgendeines Artikels aus einer Jagdtrophäe, die nicht rechtmäßig nach Botswana eingeführt wurde oder nicht von einem Tier stammt, das rechtmäßig in Botswana getötet oder gefangen wurde.

2000 Pula Strafe und fünf Jahre Haft

• wenn festgestellt wird, daß man in einem Nationalpark ohne legale Befugnis im Besitz eines Tieres ist, ein Tier tötet, jagt, verletzt, fängt oder stört, Eier oder Nester entnimmt oder zerstört.

DIE GÄRTEN GOTTES

Mit Reitelefanten auf Großwildjagd

In einer Schwemmebene im Westen des Okavango-Deltas entfaltet sich eine zeitlos schöne Landschaft. Lange blaue Wasseradern durchziehen den goldenen Teppich des vertrockneten Graslandes und bilden ein verworrenes Netz aus Kanälen und Flachseen. Mit dem Einsetzen der Flut erneuert sich der Kreislauf des Lebens – ein Prozeß, dessen Vorboten die eintreffenden Klunkerkraniche sind, dicht gefolgt von den riesigen Herden der Moorantilopen.

Diese Zeit ist seit jeher die Jagdsaison. Im kühlen, luftigen Schatten von Makalanipalmen werden Elefanten gesattelt, und in den khakifarbenen Jagdzelten putzen Jäger ihre Gewehre. Bei Sonnenaufgang verlassen acht prächtige Elefanten mit wiegendem Gang das Camp, auf ihren Rücken eine Jagdgesellschaft. Kurz darauf wird die würdevolle Stimmung der gemächlich hintereinanderschreitenden Dickhäuter von einer Gruppe junger Elefanten aufgelockert, die ausgelassen trompetend auf der offenen Ebene auftaucht.

Diese Safari stellt eine ganz besondere Erfahrung dar, da Mensch und Tier ihre Fähigkeiten und Mittel nach altem Brauch gemeinsam einsetzen, um wilde Antilopen zu erlegen. Jeder Elefant wird von einem erfahrenen Mahout aus Afrika oder Sri Lanka geritten, der das ruhig schreitende Tier mit sanften Fußstößen und kurzen Kommandos lenkt. Die Leiter dieser Safari sind ein wohl einmaliges Gespann, nämlich der erfahrene Elefantentrainer Randall Jay Moore und der Berufsjäger Harry Selby.

Der Gesellschaft gehören zwei weitere Hobbyjäger an, deren Liebe zur Jagd auf afrikanisches Großwild die Basis einer langjährigen Freundschaft bildet. Fünfzig Jahre professioneller Jagd und Buscherfahrung zeichnen Harry Selby in der Welt der Jägerei aus, und in seinen sanften, klaren blauen Augen ist ein schwaches Funkeln der Vorfreude zu erkennen. Mit von der Partie sind auch einige Spurenleser,
deren bemerkenswert scharfe Augen und Kenntnisse über den Busch unentbehrlich sind. Die Nachhut bildet schließlich die Familie eines der Jäger, die an der romantischen Stimmung der Jagdpartie ebenfalls teilhaben will.

Die Elefanten schreiten durch das dichte Blattwerk einer Insel, reißen behutsam Laub von den Zweigen ab und stopfen es in ihr Maul. Bei besonders saftigen, süßen Blättern halten sie an und zerren ganze Äste von den Bäumen; die Mahouts haben dann Mühe, sie zum Weitergehen zu bewegen.

Auf einer Insel entdecken die Spurenleser die deutliche Spur eines Büffels. Nach genauerer Betrachtung der Fährte teilen sie den anderen mit, daß eine große Büffelherde erst vor wenigen Stunden die Insel überquert hat. Nach einer Weile zieht die Jagdgesellschaft weiter – einen Büffel hatte man schon gestern erlegt. Heute stehen Rote Moorantilopen auf dem »Jagdplan«. Zu diesem Zweck müssen die Männer ein Gebiet erreichen, das gerade erst vom Wasser überflutet wurde, und das ist noch ein Stück weit entfernt.

Nach dem Überqueren der Insel kehren die Elefanten auf die Schwemmebene zurück, wo sie mit dem Rüssel links und rechts im Gras nach Leckerbissen suchen. Ein paar Giraffen wenden ihre langen Hälse kurz der Elefantenprozession zu, um dann mit einem Augenblinzeln weiter Blätter zu fressen. Eine Gruppe Kudus knabbert genüßlich neben den Giraffen an frischen Akazienblättern. Die Elefanten ziehen in unmittelbarer Nähe der Huftiere vorbei. Da Jäger und Elefant zu einer Einheit verschmelzen, kommen die Menschen weitaus dichter an das Wild heran, als wenn sie sich beispielsweise auf dem Boden herangerobbt oder im Schutz der Büsche angeschlichen hätten. Ein Rudel Sassabys hebt kaum die Köpfe, als die Elefanten herankommen; einige Streifengnus, die sonst bereits bei der geringsten Störung Hals über

Folgende Seiten:
*»Dies alles sage ich, mit einem Ach darin,
dereinst und irgendwo
nach Jahr und Jahr und Jahr:
Im Wald, da war ein Weg,
der Weg lief auseinander, und ich,
ich schlug den einen ein,
den weniger begangenen,
und dieses war der ganze Unterschied.«*
Robert Frost, *Der unbegangene Weg*

Kopf davonpreschen, schielen aufmerksam zu den Antilopen herüber; und da die Sassabys keine Reaktion zeigen, bleiben die Gnus ebenfalls einfach ruhig stehen.

Etliche Stunden später suchen die Elefantenreiter immer noch angestrengt den Horizont ab, ob dort hinter einer der palmenübersäten Inseln vielleicht ein Moorantilopenbock mit stattlichem Gehörn auftaucht. Randall Moore gibt ein Signal, worauf die Mahouts ihre Elefanten um die Insel herumlenken. Die Jäger richten sich im Sattel auf, ziehen ihre Gewehre aus dem Halfter und warten.

Vor ihnen verschwinden die grasbewachsenen Ebenen in schimmerndem Silber und Blau, und das Land geht in ein Meer verstreuter Inseln über. Derweil nimmt die Anspannung der Jäger zu, als sie die Elefanten ins Wasser lenken, um einen imposanten Moorantilopenbock zu verfolgen, der zu einer Herde weiblicher Antilopen gestoßen ist. Um jedoch zur Insel zu gelangen, müssen die Elefanten tieferes, trüberes Wasser durchqueren.

Behutsam drängen die Mahout sie weiter. Mit erhobenem Rüssel tauchen die Elefanten in das Wasser ein, das nun fast bis an die Sättel reicht. Die jüngeren Tiere fühlen sich dabei etwas unbehaglich, folgen aber den Schritten und Gesten der erwachsenen Elefanten. Die Elefantenbabys müssen schwimmen und halten sich so eng wie möglich an die watenden Alttiere. Die Mahouts erlauben den Elefanten, natürlich und instinktiv zu reagieren, und so erreichen Mensch und Tier problemlos sicheren Boden.

Die Jäger schwanken hin und her, während sich die Elefanten dem auserwählten Opfer nähern. Nach dem Durchqueren des tiefen Wassers ist wieder der ganze Umriß der Elefanten sichtbar. Die Moorantilopen, mittlerweile mit der Anwesenheit der Dickhäuter vertraut, heben kaum die Köpfe.

Nach und nach verringert sich der Abstand zwischen Elefanten und Moorantilopen. Als die Jäger noch relativ weit von dem Bock entfernt sind, gibt Selby das Zeichen zum Anhalten. Ein Jäger und ein Spurenleser steigen ab, halten sich hinter den Elefanten in Deckung und wählen jeweils eine Waffe und Munition.

Angeführt vom Spurenleser, der einen improvisierten Dreifuß aus drei Stöcken trägt, waten die Jäger tiefgeduckt und lautlos auf ihr Opfer zu. Behutsam drängt Randall Moore seine Elefanten beiseite. Der Bock schaut zwar in ihre Richtung, scheint aber die Jäger nicht zu bemerken, die augenblicklich zu Salzsäulen erstarren. Die Antilope senkt ihren Kopf wieder, und die Jäger pirschen sich weiter an. Kurz darauf meint Harry Selby, daß die Entfernung nun angemessen sei. Der Spurenleser stellt den Dreifuß auf, und der Jäger stützt sein Gewehr darauf. Obwohl er ein alter Hase ist, zählen der Nervenkitzel beim Anpirschen und Jagen für ihn immer noch zu einem der bewegendsten Momente, die sein Herz mit tiefer Zuneigung und Achtung für die Natur erfüllen.

Der Schuß dringt abrupt durch die friedliche Idylle. Durch den Aufprall wird der Bock in die Luft geschleudert und ist sofort tot. Die Weibchen der Herde heben die Köpfe und trotten einige Meter weiter, da sie immer noch keine Gefahr wahrnehmen können. Die Jäger vergewissern sich durch ihr Fernglas, ob die Antilope tatsächlich tot ist. Dann schütteln sie sich die Hand, schlagen einander auf die Schulter und diskutieren leise über den Schuß.

Auf ihrem Weg zur toten Moorantilope durchqueren die Jäger mal hüfttiefes, mal seichtes Wasser. Als die Weibchen nun die menschlichen Gestalten wahrnehmen, stieben sie davon, und das Wasser spritzt auf, während sie hinter einer weiteren kleinen Insel verschwinden. Die Jäger bewundern indessen die eleganten, spitz zulaufenden Hörner ihrer Beute, und als sie das Tier umdrehen, sehen sie die Eintrittsstelle der Kugel: Sie traf mitten ins Herz.

Selby signalisiert Moore, einen Schlitten zu bringen, der von den Elefanten gezogen wird. Die Spurenleser laden den Kadaver auf und zurren ihn mit einer starken Schnur fest. Dann steigen die Jäger wieder auf, und anschließend setzt sich die Elefantenkarawane wieder in Bewegung, um wieder zum trockenen Festland zurückzukehren.

Nach der erfolgreichen Jagd sind die nassen und erschöpften Jäger froh, nun beim gemächlichen Schreiten der Elefanten ein wenig dösen zu können. Während der Tag kühler wird und die Sonne hinter dem Horizont versinkt, verschwinden Elefanten und Jäger wieder im Schatten einer Palmeninsel – und nur ein paar riesige, geäderte Fußstapfen und der sich langsam herabsenkende, im letzten Sonnenlicht glänzende Staub zeugen noch von ihrer Anwesenheit.

IM LAND VON OKAVANGO UND CHOBE

DIE GÄRTEN GOTTES

Oben: *Wildhunde stehen auf der Jagd stets unter Hochspannung, weil sie ständig damit rechnen müssen, daß Hyänen auftauchen und ihnen die Beute streitig machen.*

Links: *Wie durch ein Wunder entkam diese Sumpfmanguste der Attacke zweier jungen Löwinnen.*

IM LAND VON OKAVANGO UND CHOBE

»Auf Safari habe ich einmal eine Büffelherde bestehend aus einhundertneunundzwanzig Tieren unter einem kupferbraunen Himmel einzeln aus dem Morgennebel hervortauchen sehen, als ob die dunklen, schwarzen Tiere mit ihren mächtigen, seitlich geschwungenen Hörnern nicht auf mich zukämen, sondern vor meinen Augen erschaffen und stückweise, sowie sie fertig wurden, herausgeschoben würden.«
Tania Blixen, *Afrika, dunkel lockende Welt*

DIE GÄRTEN GOTTES

Links: *Ein Glockenreiher fischt im Schutze seiner »eingebauten Dunkelkammer«.*

Safari zu Pferde

Das Basislager für Pferdesafaris liegt tief im Herzen des Deltas. Beim Einbruch der Dunkelheit sieht man in der Ferne zwischen den Bäumen ein Feuer flackern. Hinter der nächsten Biegung befindet sich dann das Lager: Ein großes Feuer aus Mopaneholz, ein herrlich für das Abendessen gedeckter Tisch im Kerzenlicht, ein paar Sättel, die im Feuerschein glänzen, und freundliche Menschen, die den Besucher herzlich willkommen heißen.

Den Weg zum Zelt erleuchten Ölfunzeln. Die dachlosen Duschen sind dampfend heiß; das Wasser kommt aus aufgehängten Eimern. Später werden Cocktails am Lagerfeuer gereicht. Ab und zu hört man das rollende Schnauben der Pferde oder nimmt ihren leichten Geruch wahr.

Leiter der Safari sind P. J. Bestelink und Barney Bestelink, zwei Naturbegeisterte, deren Sinn für Abenteuer, temperamentvoller Geist und Liebe zu Pferden diese Safari entstehen ließen. Die Pferde sind in einem löwensicheren Wellblechverschlag untergebracht und gehören größtenteils robusten Wüstenrassen an: reine Araber, Anglo-Araber, American Saddle-bred, zum Teil reinrassig, Kalahari und Kalahari-Bastarde. Die Namen der Pferde – »Moremi«, »Katima«, »Quando«, »Nxebeca« oder »Talkwe« – rufen Bilder jener Orte in Erinnerung, nach denen sie benannt sind.

Aufgesattelt wird in der Morgendämmerung. Wenn das weiche Licht durchbricht, lenkt Barney ihr American Saddlebred »Lamu« in Richtung Tag. Die Pferde schnuppern die

DIE GÄRTEN GOTTES

Links: *Nachdem die Reiter den ganzen Tag unter Wildtieren verbracht haben, führt sie P. J. Bestelink bei Einbruch der Abenddämmerung ins Nachtlager.*

kühle Luft des anbrechenden Tages und folgen Barney in die aufgehende Sonne. Nachdem P. J. das Zaumzeug aller Pferde überprüft hat, nimmt er sein Gewehr und steigt auf seinen Anglo-Araber »The Silver Smous«, um die Nachhut zu bilden.

Die Pferde durchqueren eine flache, überflutete Fläche. Seerosen wogen hin und her, durch die aufgewühlten Wasser in Bewegung gebracht. Zwergenten picken dort, wo sich das Wasser zu einem Kanal vertieft hat, an den Knospen der Seerosen. Ein Paar Gelbschnabelenten protestiert schnatternd gegen die Menschen, die in ihr nasses Reich eindringen.

Auf der nächsten Insel tauchen die Reiter auf einem feuchten, verschwiegenen Pfad vorübergehend im Schatten unter, um etwas weiter wieder hervorzukommen. Gewärmt von den warmen Strahlen der Sonne traben sie nun mühelos durch das hohe, sperrige Gras.

Gegenüberliegende Seite:
Der Ruf eines Leoparden ist zwar nicht so beeindruckend wie der eines Löwen, aber äußerst rauh und nachhallend und läßt sich etwa mit dem Geräusch einer groben Säge auf hartem Holz vergleichen.

Plötzlich hält Barney an und hebt die Hand. Vor ihnen, auf der anderen Seite des Kanals, erhebt sich aus dem Gras die dunkle Masse eines Kaffernbüffelbullen mit imposantem Gehörn. Der Wind weht den Geruch der Pferde und Reiter von dem Tier weg und trägt ihn über die Ebene, so daß der Büffel ruhig bleibt. Diese Ruhe ist jedoch beängstigend und nur von kurzer Dauer, während sich zwei Gegner aus alten Tagen einander für einen langen Augenblick anstarren, bevor sie wieder getrennte Wege ziehen.

Das prächtige Braun und Weiß eines Schreiseeadlers taucht am Himmel auf, nachdem ihn bereits sein eindringlicher, weithin schallender Ruf angekündigt hat. Das stattliche, unverkennbare Trittsiegel eines Elefanten legt sich über die gegabelte Hufspur einer Moorantilope. Mehrfach hat die imposante Pranke eines Löwen ihre Spur hinterlassen, bisweilen auch die Pfote einer Hyäne, und die Reiter versuchen, die Geschehnisse zu rekonstruieren, die ihnen die Spuren erzählen.

Die Inseln sind durch eine von zahlreichen Kanälen durchzogene Schwemmebene getrennt, auf denen mehrere Gruppen von Klunkerkranichen ihre eleganten weißen Hälse tanzend und streitend hochwerfen. Ein paar Vögel in der Nähe fühlen sich gestört und schwingen sich mit lautem Krächzen in die Höhe.

Der aus der Ferne zu vernehmende Wutausbruch eines jungen Elefanten, der wohl von den Alttieren zurechtgewiesen wurde, löst eine stundenlange Suche nach den Dickhäutern aus. Insel um Insel wird umrundet; die Reiter halten an und lauschen, warten auf das Knacken eines Zweiges, auf ein Trompeten oder das Geräusch spritzenden Wassers ... aber nichts tut sich. Lautlos wie ein Gespenst hat sich die Elefantenfamilie in den dichten Busch zurückgezogen.

Die dauernde Anspannung läßt die Reiter unaufmerksam werden, so daß sie sehr überrascht sind, als plötzlich vor ihnen eine markante Gestalt auftaucht. In nicht einmal dreißig Meter Entfernung ist ein Löwe am dichtbewachsenen Rand einer Insel zu sehen. Er verharrt dort aufmerksam, und zwei weitere Löwen gesellen sich zu ihm. P. J. und Barney drängen die Reiter zu einer dichten Gruppe zusammen und bleiben dann mucksmäuschenstill. Unvergeßliche, überaus spannende Minuten vergehen. Langsam und ohne zu scheuen ziehen sich die Pferde zurück – der strenge Löwengeruch ist ihnen bestens vertraut. In sicherer Entfernung fällt Barney in Trab. Die Reiter folgen und können den Drang nur schwer unterdrücken, in wildem Galopp davonzupreschen.

Zur Frühstückszeit führt Barney die Gruppe zu einer schattigen Insel, auf der sich die Reiter im Liegen ausruhen. Hoch über ihnen kreisen Geier, Weißrücken- und Kappengeier am Himmel. Während Mensch und Tier in der zunehmenden Hitze des Tages allmählich eindösen, trägt der Wind den Ruf eines Burchell-Steppenzebras herüber – für die beiden Leiter der Gruppe ist es das Signal, die Reiter wieder zu wecken.

Die Reiter folgen dem Ruf des Zebras und gelangen bald auf eine riesige, offene Ebene. Gewaltige Herden aus Streifengnus, Steppenzebras, Impalas und Sassabys ziehen unstet umher und wirbeln viel Staub auf. Mit großer Konzentration beobachten P. J. und Barney die Bewegungen der Tiere, um die Reiter anschließend zur Zebraherde zu führen. Als sich die Herde teilt, reitet Barney in die entstandene Lücke. Nun kommt Bewegung in die Zebras, und auch die Pferde preschen im Galopp los, gefangen von der Spannung des Augenblicks; schon bald stiebt ein Heer galoppierender Tiere unter hohen Staubwolken über die grünen Weiten der Ebene. Die Zeit scheint stillzustehen, als die Reiter für einen zauberhaften Augenblick eins werden mit der Seele der wilden Herde. Doch dann, wie auf ein vorher vereinbartes Signal hin, beruhigen sich die Tiere wieder, und nachdem sich der Staub gelegt hat, finden sich die Reiter von einem Meer von Zebras umringt.

Ein wenig ruhiger, aber noch immer etwas verunsichert ziehen die Zebras, von ihrem Instinkt geleitet, langsam von dannen, während die Reiter beseelt, aber nachdenklich ins Camp zurückkehren.

IM LAND VON OKAVANGO UND CHOBE

Im Reich der Flußpferde

»Dem Menschen sollte es unbedingt gelingen, nicht
nur solche Dinge zu erhalten, aus denen er Schuhsohlen oder
Nähmaschinenöl herstellen kann; vielmehr sollte er sich einen
Freiraum bewahren, der nicht nur den Wundern und Schönheiten der
Natur als Refugium dient, sondern in dem er auch selbst vor seiner
eigenen Klugheit und Torheit Zuflucht nehmen kann. Nur dann
wird man tatsächlich von einer Zivilisation reden können.«

Romain Gary, *Les Racines du Ciel*

Den östlichen Teil des Okavango-Deltas beherrscht die sandige
Landzunge von Chief's Island, die sich von den Mopanewäldern
im Süden bis zu zwei Drittel ins Delta hinein erstreckt.
Der größte Teil der Insel gehört zum Moremi-Wildreservat, einem
afrikanischen Paradies, in dem es von wilden Tieren wimmelt,
wo aber auch Menschen leben.

109

Geparden oder Wildhunde sind es sicherlich nicht, auch nicht Elefanten, Löwen oder Leoparden. Demnach sind es also Büffel, Flußpferde oder Krokodile, die jedes Jahr in Afrika die meisten Menschen töten?

Ist so eine Frage überhaupt von Belang? Ist nicht jede Geschichte, jede Anekdote, lediglich nur ein Bruchteil des Mythos Afrika? Mit dem »Schwarzen Kontinent« assoziieren wir nun einmal eine Vielzahl wilder Tiere, die bisweilen auch uns Menschen angreifen, böse zurichten ... und mitunter sogar fressen.

In Khwai, Xaxaba und Kiri – kleinen, staubbedeckten Dörfern, über deren sauberen Rundhütten die Stille der Mittagsglut liegt – wird diese Frage nicht erörtert, denn sie ist ein Teil des Lebens. Diese Dörfer liegen hinter dem »Büffelzaun«, weit hinter Maun mit seiner geschäftigen Grenzstadthektik. Hier läuft das Leben in gemäßigtem Tempo ab, und die zufriedenen Dorfbewohner fühlen sich offenbar als ein Bestandteil dieses Rad des Lebens – sie stehen weder in Widerspruch zu ihm noch fühlen sie sich in seinem Abseits –, weshalb ihnen unsere Fragen wohl überflüssig vorkommen müssen. Ob ein Lebewesen tötet oder getötet wird, ist keine Frage der Moral, sondern ein natürliches Faktum wie Bäume und Gras. Daher akzeptieren die Menschen alle Dinge, von denen sie wissen, daß sie zum Leben dazugehören.

Die Wildnis beginnt vor ihrer Haustüre und erstreckt sich in alle Richtungen. Das Land liegt hier höher, so daß die Wasser nicht vordringen können, sondern in enge Kanäle gedrängt werden, die sich zwischen dem allgegenwärtigen dichten Baumbestand nur gelegentlich verbreitern. Von Süden her, wo Wasser und Sand Jahr für Jahr wie zwei alte Widersacher aufeinanderprallen, erhebt sich die ausgedehnte sandige Landzunge von Chief's Island, die bis zu zwei Dritteln nach Norden in das Delta hineinreicht. In der Trockenzeit ist ihre Westküste ein lebloser Ort, dessen Überflutungsgebiete nur matt und grau in der Sonne liegen, und deren zerklüftete Oberfläche den Eindruck einer uralten Landschaft erweckt.

Dieses Bildnis der Dürre läßt sich nur schwer mit jener heiteren, bunten Landschaft in Einklang bringen, die nach der Rückkehr des alles belebenden Wassers entsteht. Überall finden sich dann langgestreckte Halbinseln oder breite, von dichten, schattigen Bäumen überwucherte

Bei Sonnenaufgang stapft ein Flußpferd, das die ganze Nacht über an Land geäst hat, eilig in die Sicherheit tieferer Gewässer.

Buchten, aus deren blauem Wasser Abertausende von grünen Trieben an die Oberfläche kommen.

Mit dem Vormarsch des Wassers bringen auch die Kanäle üppiges Leben hervor. Manche sind nur kurz; sie versanden in flachen Bodensenken oder in kleinen Lagunen, während andere, wie der Piajo, das Land nahezu in der Mitte zerteilen. Die meisten Kanäle sind jedoch relativ schmal, so daß man oft recht unverhofft auf sie trifft.

Eine Hälfte der Insel ist mit dichtem Wald bedeckt, allerdings hören die Bäume plötzlich ganz abrupt auf, und das schmale grüne Band eines Kanals zeigt sich dem Betrachter. Zu beiden Seiten bahnt sich das Wasser schlängelnd einen Weg durch die Bäume, während es in der Mitte des Kanals oft recht tief ist.

Nach Osten hin, zwischen Chief's Island und dem Festland, bilden zahlreiche Wasserläufe eine ausgedehnte, wasserreiche Wildnis aus Schilf und Papyrus, ein Netzwerk aus verschlungenen Kanälen mit vereinzelten Lagunen. An dieser Stelle ist das Wasser für die meisten Tiere viel zu tief, und so finden wir hier die Heimat von Tigerfisch und Brasse, von Flußpferd und Krokodil, der scheuen Sumpfantilope und einer Vielzahl von Vögeln. Hier leben auch Heerscharen winziger bunter Frösche, deren Stimmen sich der in schwülwarmen Dunkelheit der Nacht zu einem großen Konzert vereinen. Diese Tiefwasserzone umgibt Chief's Island und trennt die Insel vom Rest des Moremi-Wildreservats ab.

Auf seinem Weg nach Süden trifft das Wasser unweigerlich irgendwann einmal auf den Sand, der es unersättlich verschlingt und ihm so seine Kräfte raubt. Nirgendwo ist dies augenfälliger als am Ostrand des Moremi-Schutzgebietes. Von Xakanaxa aus bohrt sich ein tiefer Kanal schnurgerade in das Land, doch wird er immer schmäler und flacher, bis die breite Mopaneholzbrücke bei Khwai nur noch ein übel riechendes, braunes Rinnsal überspannt, das von Pavianen mühelos mit einem Satz übersprungen wird. Nur in ausgesprochenen Hochwasserjahren dringt das Wasser bis in die Mababe-Senke, nach Shorobe oder Maun vor.

Interessanterweise schlägt der westliche Einfluß offenbar die entgegengesetzte Richtung der Wasserfluten ein, denn die Landschaft hinter Maun verändert sich flußabwärts, in Richtung jener stillen, abgelegenen Dörfer, nicht nur äußerlich in auffälliger Weise. Offensichtlich entfernen wir uns mit jedem Schritt, den wir zurücklegen, immer mehr von jener bequemen Warte des neutralen Beobachters, um dann plötzlich und völlig unerwartet mit der eigentlichen Realität des Lebens konfrontiert zu werden.

Und nur dann können wir, quasi recht nackt und schutzlos, die folgende Frage stellen: Was zieht uns an? Ist es eben diese unverfälschte Schönheit, oder ist es der natürliche Zustand dieser Wildnis, oder gibt es gar ein noch tieferes Geheimnis und eine noch größere Faszination? Etwa das Gefühl, Auge in Auge mit einem wilden Tier zu stehen und – vielleicht nur für den Bruchteil von Sekunden – zu verspüren, welche Vitalität in dem Bewußtsein um die Vergänglichkeit des Lebens liegt.

Geburt eines Elefanten auf Chief's Island

Auf Chief's Island bei Mombo in der Nähe des Flusses Boro liegen mehrere Trockenseen. Wer mit Afrika nicht vertraut ist, sieht hier nur weite, kahle, sandige Landstriche. Sie sind umgeben von Palmeninseln, die aufgrund ihres dichten Bewuchses mit hohen Makalanipalmen und kürzeren, buschigen Wilden Dattelpalmen so genannt wurden. Die Trockenseen werden von diesen Palmeninseln gesäumt und zerteilt, so daß ein Netzwerk aus Dschungel und Wüste entsteht.

Bei Erkundungen in der Abgeschiedenheit dieser Gegend stießen wir mit unserem Fahrzeug am Rand einer offenen Fläche auf eine Gruppe von Elefanten. Die Silhouetten der staubumhüllten Elefanten zeichneten sich deutlich gegen das schwache Licht der untergehenden Sonne ab. Als wir uns näherten, rückten sie dichter zusammen und hoben alle gleichzeitig prüfend ihren Rüssel, da sie wissen wollten, wer oder was sich da wohl näherte. Als hätten sie sich untereinander abgesprochen, ließ keines der Tiere das übliche Alarmtrompeten erschallen oder unternahm irgendwelche Anstalten, anzugreifen oder zu fliehen.

Mit erhobenem Rüssel erstarrten die Dickhäuter im Licht der Dämmerung – die Situation war eigenartig, fast unheimlich, schweigsam und still. Ganz offensichtlich waren die Tiere angespannt und nervös, so daß wir den Motor abstellten, obwohl wir noch ein großes Stück entfernt waren.

Als das aufdringliche Motorgebrumm verstummte, beruhigten sie sich ein wenig, blieben aber weiterhin dicht beisammen. Allerdings rührten sich die Tiere weder von der Stelle, noch gaben sie irgendeinen Laut von sich; ein etwas abseits stehendes, älteres Weibchen verlagerte das Gewicht langsam von einem Fuß auf den anderen.

Plötzlich wurde der Grund für dieses ungewöhnliche, auffällige Verhalten offenbar. Zwischen den Beinen einer Elefantenkuh strömte Blut hervor, das im Staub eine tiefrote Pfütze bildete. Nun folgte ein dumpfer Schlag, und eine kleine Staubwolke stob zwischen den Beinen der Elefanten auf. Mit ausgestreckten Beinen lag plötzlich ein Elefantenbaby am Boden, das direkt vor unseren Augen auf die Welt gekommen war.

Die Herde verharrte regungslos, wie vom Zauber des Augenblicks gefangen. Das Muttertier drehte sich um und tastete nach dem unter der Nachgeburt liegenden Baby, während die umstehenden Elefanten weiterhin ihre Körper hin und her bewegten – so als ob dies die einzige Möglichkeit sei, die Anspannung etwas abzubauen, ohne das Neugeborene zu stören.

Die Mutter beschnupperte ihr Baby mit dem Rüssel und stieß es dann sanft und behutsam mit einem ihrer riesigen Füße an. Das Junge hob als erstes Lebenszeichen ein Vorderbein, das von der Mutter mit feinem grauen Staub aus dem

Rüssel eingepudert wurde. Sie schritt um das Neugeborene herum, bewarf es und sich selbst abwechselnd mit Sand und versuchte immer wieder, das flach auf dem Boden liegende Junge sanft mit Fuß oder Rüssel auf die Beine zu bugsieren.

Endlich hob es den Kopf. Prustend und niesend schien es mit seinen ersten Atemzügen seinen winzigen, aufgerollten Rüssel zu entdecken. Die Mutter richtete das Kleine auf, so daß es nun auf dem Bauch lag. Wenig später unternahm es mit gespreizten Beinen seinen ersten Stehversuch – um gleich wieder seitwärts in den Staub zu kippen. Unverzagt hob es den Kopf und versuchte es erneut. Sekundenlang hielt es sich aufrecht, die Beine in alle Richtungen gespreizt, den Bauch nur Zentimeter über dem Boden, verlor aber durch den schwankenden Rüssel das Gleichgewicht und purzelte kopfüber in den Sand.

Erneut versuchte die Mutter, ihr Baby zum Aufstehen zu bewegen: Sie hob seinen Kopf mit dem Rüssel an und schob ihren Fuß unter seinen Bauch, als wolle sie ihm in diese neue Position helfen. Viele Minuten vergingen, in denen die Mutter ihr Baby ständig sanft und unermüdlich mit Rüssel und Fuß aufmunterte und anhob.

Nach einer enormen Kraftanstrengung stand das Baby schließlich ohne Hilfe. Seine Beine waren zwar noch etwas wackelig, konnten den Körper aber schon recht gut stützen.

Während die Mutter Junges und Nachgeburt unaufhörlich mit Staub bedeckte, blickte das Baby mit großen Augen umher. Über die ganze Szenerie legte sich schließlich ein grauer Schleier, als das Licht vom Himmel schwand. Die anderen Elefanten ließen nun auffallend in ihrer Wachsamkeit nach und überließen der Mutter mehr Platz.

Etwa zehn Minuten nach der Geburt des Babys wanderte die Familienherde unter einige Bäume in der Nähe. Kein Tier entfernte sich völlig außer Sicht- oder Hörweite, und alle Bewegungen erfolgten sehr behutsam und ruhig, so als sollten weder die Stimmung des Augenblicks gestört, noch der Aufenthaltsort verraten werden.

Die Mutter schleuderte die Nachgeburt mehrere Male heftig über ihrem Kopf hin und her, um sie dann mit Wucht auf den staubigen Boden zu schlagen. Schließlich schleuderte die Kuh die Nachgeburt weit in die hereinbrechende Dunkelheit und widmete nun all ihre Aufmerksamkeit ihrem torkeligen Baby.

Mit erhobenem Rüssel versuchte sie, mögliche Gefahren zu wittern, und fuhr dann fort, ihr Baby mit Staub zu pudern oder zu weiteren Aufstehversuchen zu bringen. Kurz vor Einbruch der Nacht hallte wie zur Bestätigung der schlimmsten Befürchtungen der Elefantenmutter das eindringliche Gebrüll eines Löwenmännchens über die Trockenseen.

Der hilflose, wurmartige kleine Rüssel des Jungen schien Interesse am Bauch der Mutter zu finden, obgleich dieser meistens zwischen den Hinterbeinen statt zwischen den Vorderbeinen landete, was die Mutter verstörte und verwirrte. Als sie sich umdrehen wollte und dazu einen Schritt zurückging, verlor die Kuh kurzzeitig den Körperkontakt mit dem Baby, das auf seinen wackeligen Beinen den Halt verlor und umfiel.

Nach etwa vierzig Minuten konnte das Baby schließlich etwas müheloser stehen und hatte offenbar begriffen, daß es leichter war, sich gegen die Beine der Mutter lehnend auszuruhen, als sich jedesmal auf den Boden zu legen. Zweimal fand das Baby mehr zufällig als gezielt die Zitze seiner Mutter und saugte kurz, bevor es wieder das Gleichgewicht verlor und umfiel.

Plötzlich wurde dieser stille Kampf ums Überleben durch eine rasche, heimliche Bewegung im Gebüsch gestört. Die Mutter hob Kopf und Rüssel und wedelte mit den Ohren. Instinktiv hätte sie eigentlich ängstlich oder entrüstet trompeten müssen, trotzdem schwieg sie. Die Kuh stand über ihrem Baby, das wahrscheinlich die extreme Anspannung seiner Mutter wie auch die Gefahr verspürte und ebenfalls stehenblieb. Für einen kurzen Augenblick tauchte ein tief geducktes Leopardenmännchen auf, das sich über die Nachgeburt hermachte. Flüchtig waren die dunklen Flecken seines prächtigen Fells zu erkennen, dann verschwand die Katze wieder im Unterholz.

Der kleine Elefant stand nun sicherer auf den Beinen. Als sich die Elefantenkuh ein paar Schritte entfernte, versuchte das Baby einige zögerliche Schritte, um dann wieder auf den Boden zu plumpsen. Die Mutter bedeutete ihrem Jungen immer beharrlicher, ihr zu folgen, und entfernte sich noch ein größeres Stück, damit es ihr nachkam. Nur wenn seine Kräfte nachließen, und das Junge erschöpft zu Boden sank, kehrte sie an seine Seite zurück. Instinktiv war ihr wohl bewußt, daß ihr Kalb die bevorstehende lange Nacht ohne die Sicherheit der Herde nicht überleben würde.

Zwei Stunden später waren nur noch schwache Blutspuren auf dem Körper des Jungen zu erkennen, als es endlich begriffen hatte, wie es hinter seiner Mutter zu marschieren hatte. Ab und zu mißlang es ihm immer noch, die Balance zu halten, und so mußten beide Tiere anhalten, bis das Kalb seine gespreizten, noch unzuverlässigen Beine wieder unter Kontrolle hatte. Dann folgte es wieder seiner Mutter, während sein Rüssel, der ein Eigenleben zu führen schien, erwartungsvoll nach allem Unbekannten tastete.

Als die erschöpfte, aber stets wachsame Elefantenkuh mitsamt dem Kalb wieder ihre Familie erreicht hatte, die unweit ruhig zwischen den Bäumen wartete, brach bereits die Nacht herein. Kaum angekommen, wurden die beiden von den anderen Elefanten umringt, so als sollten sie unsichtbar werden. Danach verschwand die Herde gemessenen Schrittes in der Dunkelheit.

Rechts: *Mit fletschenden Zähnen schnappt sich dieser Leopard die Nachgeburt.*

Ladenschild in Khwai.

Buschmanngeschichten

DIE GIRAFFE

erzählt von Boikhutsu Phuti

»Frühmorgens machte ich mich mit meinem Speer auf, um die Giraffe zu jagen. Ich sah die Giraffe und verfolgte sie. Ich lief ihr den ganzen Tag lang nach, und dann begann es zu regnen. Große Tropfen regnete es – ›Platsch, Platsch, Platsch, Platsch‹. Der Regen war kräftig, und so schlief ich während der Nacht auf einem Baum.

Als ich am Morgen aufwachte, sah ich die Giraffe wieder. Nachdem ich sie verfolgt hatte, verirrte ich mich auf dem Rückweg. Dabei geriet ich weit vom Weg ab.

Am folgenden Tag fand ich meinen Weg wieder. Als ich den Weg gefunden hatte, stieß ich auf einen wilden Pflaumenbaum voller reifer Früchte und fing an zu essen, weil ich während des gesamten Marsches noch nichts gegessen hatte. Oh, oh, oh, oh, was aß ich viel, und dann war mein Magen bis oben voll.

Zu Hause erkannten mich die Menschen nicht. Ich war mager geworden. Ich rannte davon, doch liefen die Leute mir nach und packten mich. Ich konnte niemanden erkennen, und sie wollten mich töten. Der Hunger hatte mich verrückt gemacht.«

DIE LEOPARDIN

erzählt von Thagiso Raditsela

»Ich ging mit meinem Vater auf die Jagd. Auf der Jagd gingen wir immer wieder um eine Insel herum, denn in das Innere der Insel konnten wir nicht vordringen.

Eines Tages bat mich mein Vater auf der Jagd, vorauszugehen und das Gewehr zu tragen. ›Heute wollen wir in das Innere der Insel gehen,‹ meinte er.

Im Busch war jedoch ein Leopardenweibchen mit Jungen. Mein Vater nahm das Gewehr und deutete mit dem Holzgriff auf die Leopardin, und er sagte: ›Schau, Leopard, ich jage dich nicht, sondern sammle nur Feuerholz.‹ Dann ließ er das Gewehr fallen.

Als die Leopardin angriff, rannte mein Vater fort und kletterte auf einen Baum. Ich war noch zu klein, um auch auf den Baum zu klettern. Deshalb rannte ich schreiend und weinend immer wieder um den Baum herum.

Dann zog die Leopardin mit den Jungen davon, und mein Vater kam wieder herunter. Am Fuß des Baumes stolperte er über mich und schrie auf, weil er mich für die Leopardin hielt. Dann sagte ich zu meinem Vater: ›Ich bin dein Sohn, ich bin nicht der Leopard.‹ Da stand mein Vater auf, und wir gingen fort.«

DER LÖWE

erzählt von Zibeso Kwarako

»Eines Tages im Jahr 1985 ging ich auf die Jagd. Im Busch fanden wir einen Platz für unser Lager.

Am Nachmittag verließen wir das Lager und gingen auf die Jagd. Da wir nichts fanden, kehrten wir zum Schlafen ins Lager zurück. Am nächsten Morgen gingen wir in die andere Richtung. Dort fanden wir eine Löwenspur. Wir verfolgten sie, aber es war sehr heiß, und so beschlossen wir gegen Mittag, zum Lager zurückzukehren.

Am nächsten Tag folgten wir noch einmal der Spur, und zum Glück stießen wir an diesem Tag auf zwei Löwen. Als die Löwen uns sahen, rannten sie fort. Wir verfolgten sie. Als wir näher kamen, liefen sie erneut davon und überquerten den Fluß; danach verschwand der eine, und wir folgten nur noch dem anderen. Wir verfolgten den Löwen, und als er kurz vor uns auftauchte, schossen wir auf ihn. Wir hatten ihn zwar getroffen, doch er entkam in ein dichtes Gebüsch. Wir gingen um das Gebüsch herum, und er war immer noch da. Dann machten wir uns auf den Rückweg, weil es schon dunkel war.

Als wir am Morgen wieder aufwachten, gingen wir zu dem Gebüsch mit dem verwundeten Löwen. Aber er war nicht mehr dort. Wir folgten seinen Spuren. Dann entdeckten wir Blut – das bedeutete, daß der Löwe nun schwächer wurde. Er legte sich ins dichte Gras und schlief.

Während wir die Blutspur untersuchten, war der Löwe aber in der Nähe. Er schlief im hohen Gras verborgen. Wir wußten aber nicht, daß er dort war, weil auf der Lichtung nichts zu sehen war. Die anderen Männer gingen nach rechts und ich nach links. Als der Löwe die anderen Männer auf der rechten Seite hörte, erhob er sich, entdeckte mich ganz in seiner Nähe und packte mich. Ich stemmte meinen Arm gegen seine Kehle, traf ihn mit meiner Faust und versetzte ihm einen Tritt. Dann packte ich ihn an seiner Mähne und zog ihn zu mir. Der Löwe schlug mir mit dem Schwanz gegen das Bein und griff nach mir. Da schob ich ihn weg.

Der Löwe kam wieder. Er packte mich mit seinen Klauen, und ich wich zurück – langsam, ganz langsam. Dabei geriet ich mit dem Fuß in ein Loch und stürzte hin. Während ich fiel, biß er mir ins Bein. Hier ist noch die Narbe der Wunde zu sehen.

Die anderen schossen nun auf den Löwen. Ich lag unter dem Tier und schrie ununterbrochen. Der nächste Schuß traf den Löwen ins Herz. Er starb, und mich brachten sie gleich in das Krankenhaus nach Maun.

Viele Jahre konnte ich mein rechtes Bein nicht benutzen.«

DER PYTHON

erzählt von Okganetswe Masupatsela

»Mein Vater, meine Mutter, meine Großmutter und ich gingen nach einem Besuch bei Verwandten auf dem Weg von Beetsha nach Khwai. Wir waren zu Fuß, mein Vater trug seinen Speer und ich einen Topf Honig. Meine Mutter und meine Großmutter trugen die Decken.

Plötzlich stießen wir auf eine Löwenfamilie. Die Löwin ließ Jungen und Männchen zurück und rannte auf uns zu.

Wir blieben stehen und starrten die Löwin an. Sie stand genau vor uns, starrte uns ebenfalls an und kehrte dann zu den Jungen zurück.

Während wir die Löwin beobachteten, begann ich laut zu schreien. Da lief das Männchen ganz dicht heran, um uns anzugreifen.

Meine Mutter warf den Honigtopf nach dem Löwen, und der Honig spritzte ihm ins Gesicht.

Während meine Mutter dem Löwen den Topf ins Gesicht warf, schrie auch meine Großmutter, hob einen Aststück vom Boden und warf es nach dem Löwen. Sie traf ihn, und er zog sich zurück. Beim Schreien meiner Großmutter fauchten auch die Löwenjungen und kamen auf uns zu. Dann griff uns das ganze Rudel an.

Nun wollte uns mein Vater mit dem Speer vor den Löwen schützen. Er rannte mit dem Speer auf die Löwen zu und brüllte sie an. Durch das Gebrüll eingeschüchtert, begannen die Löwen wegzulaufen.

Als die Löwen wegrannten, floh ich in die andere Richtung und fiel hin. Dabei brach mir ein Zahn ab. Schau, hier ist die Lücke. Als ich meinen Zahn verlor, wurde ich auch von einem Holzstück getroffen. Hier am Bein. Ich schrie laut und rief nach meiner Mutter und meinem Vater.

Nachdem ich hingefallen war und mich an dem Holzstück gestoßen hatte, brachte mich mein Vater zu einem Termitenhügel. In diesem Termitenhügel lag ein Python. Mein Vater tötete die Schlange, und wir aßen sie zu Mittag.«

Vorherige Seiten:
Unter Makalanipalmen döst ein Bärenpavian.

Rechts: *Zwei Männer aus Khwai zerteilen einen erbeuteten Elefanten.*

DER BÜFFEL

erzählt von Jewe Diako

»Ich jagte mit dem Gewehr in Khwai, als ich auf ein paar Büffel stieß. An diesem Abend erlegte ich einen Büffel mit dem ersten Schuß und verwundete einen zweiten. Das Fleisch des toten Büffels brachte ich ins Lager und brach am nächsten Morgen auf, um den verwundeten Büffel zu suchen.

Während ich den verletzten Büffel verfolgte, traf ich auf einige Löwen, die ihm auch folgten. Der Büffel griff mich an. Dann rissen die Löwen den Büffel, den ich gerade töten wollte. Danach griff mich das Löwenmännchen an, und ich erschoß den Löwen.

Nun ging ich weiter und entdeckte eine andere Büffelherde. Mit der letzten Kugel, die übrig war, tötete ich noch einen Büffel. Es war schon dunkel, und so kehrte ich ins Lager zurück.

Am folgenden Tag wollte ich den zweiten Büffel abhäuten, doch fand ich dort wieder dasselbe Löwenrudel vor, das gerade meine Beute fraß. Als ich herankam, griffen mich die Löwen an, und ich mußte abermals einen Löwen erschießen. Nachdem ich diesen Löwen erschossen hatte, griff der alte Löwe an; also rannte ich weg, kletterte auf einen Baum und starrte auf das Rudel. Nach einiger Zeit zog es weiter, und ich ging ins Lager zurück.«

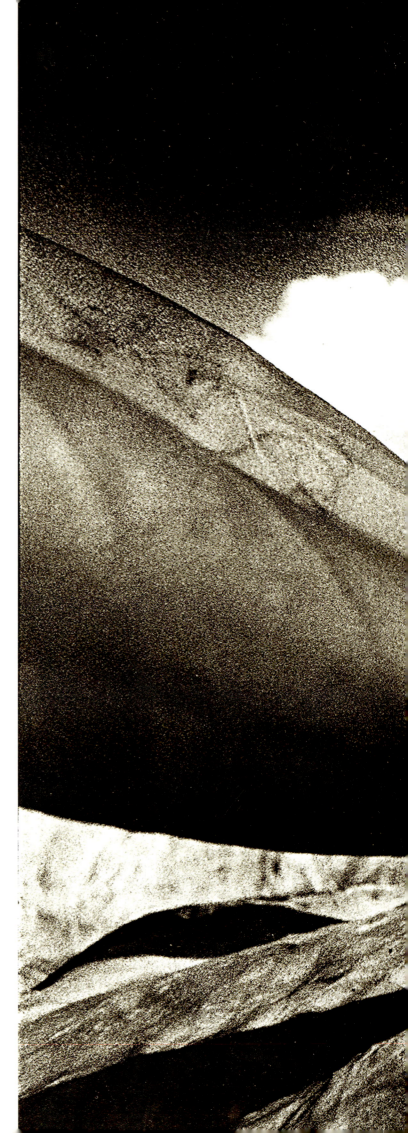

Vorherige Seiten:
Manchmal lassen sich die Eigenschaften, die mit einem Löwen assoziiert werden – etwa Stärke oder Wildheit –, allein schon in ihren Augen ablesen.

Links außen: *Ein Kind wartet darauf, daß der Laden öffnet.*
Links: *Restaurant an der Straße nach Nata.*
Rechts: *Eine Radkappe wird zum Spielzeug.*
Rechts außen: *Herero-Kind.*

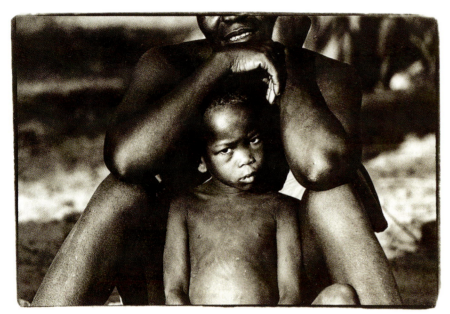
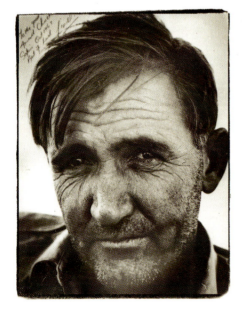

Vorherige Seiten:
»Das brachte mich auf den Gedanken, daß sie vielleicht das Leben als ihr eigenstes Element empfinden, so wie wir es nie vermögen, wie Fische im tiefen Wasser, die um nichts in der Welt begreifen können, warum wir uns fürchten zu ertrinken.«

Tania Blixen,
Afrika, dunkel lockende Welt

Links außen, oben: *Während der Hitze, die bei den Krönungsfeierlichkeiten herrschte, war Wasser von jedermann begehrt.*
Links außen, Mitte: *Mutter und Kind warten auf den Bus nach Toteng.*
Links außen, unten links: *Lionel Palmer.*
Links außen, unten rechts: *Ein Buschmann auf einem Foto aus der ersten Hälfte des 20. Jahrhunderts, vermutlich ein Pygmäe.*

Links: *Bei den Pferderennen anläßlich der Krönungsfeierlichkeiten gab es weder Start- noch Ziellinie.*

133

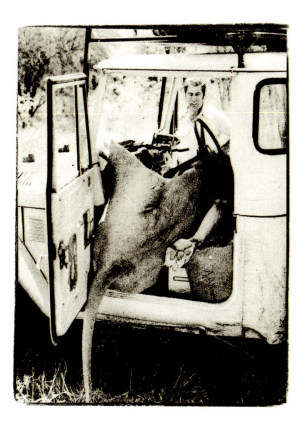

Eine Löwenjagd für den König

An einem Nachmittag im Spätwinter saßen wir mit einer Gruppe Motswana-Männer an einem Lagerfeuer und diskutierten angeregt die morgendliche Löwenjagd.

Die letzte Jagd dieser Art erfolgte 1964 bei der Einführung des vorherigen Königs Letsolothebe II. Nun war König Tawana II. erwachsen geworden und sollte bald die Nachfolge antreten. Anläßlich dieser Amtseinführung waren wir auf der Suche nach einem ausgewachsenen, schwarzmähnigen Löwen, den die Krieger des Batawana-Königs jagen müssen. Dessen Fell wird der angehende König dann bei seiner Krönungszeremonie tragen.

Peter und ich erfuhren von dieser traditionellen Jagdexpedition, als wir gerade von einer Jagd mit Pfeil und Bogen zurückgekehrt waren und uns in Maun mit Willie Phillips trafen. Peter bat sofort darum, die *kgotla* (d.h. die Gruppe der Stammesältesten) von Maun auf der Jagd begleiten zu dürfen, und mir wurde als erster Frau das Privileg zuteil, ebenfalls an diesem bedeutenden Ereignis teilzunehmen.

Als wir anderntags um acht Uhr morgens zur Abfahrt erschienen, waren wir zunächst etwas beunruhigt, weil am vereinbarten Treffpunkt keinerlei Anzeichen zu sehen waren, die auf eine Jagdexpedition hinwiesen. Wie sich jedoch herausstellte, war dies mal wieder ein weiteres Beispiel für afrikanische Pünktlichkeit, denn vier Stunden später traf das erste Safarifahrzeug ein, ein Bedford-LKW. Zu diesem Zeitpunkt hatte sich schon eine beträchtliche Menschenmenge versammelt und stand lächelnd und entspannt herum. Kurz vor Sonnenuntergang gesellte sich als drittes Safarifahrzeug noch ein Landrover hinzu. Endlich – die Sonne ging bereits unter – brachen wir in Begleitung von Soleilwe und Mutuku auf, denen unser Fahrzeug gefiel, weil ihnen hier »kein Wind um die Ohren« blies.

Stunden später hatten sich zwanzig Motswana-Männer rund um ein riesiges, prasselndes Lagerfeuer zur Ruhe gelegt. Wir machten es genauso, wenn auch in gebührendem Abstand, und schlossen todmüde unsere Augen, während ringsum gedämpfte Stimmen und gelegentlich das Gebrüll eines Löwen zu hören war.

Am nächsten Morgen verfolgten wir stundenlang ein Gewirr kreuz und quer verlaufender Spuren, bis wir endlich auf einen ansehnlichen schwarzmähnigen Löwen stießen, der von fünf Löwinnen begleitet wurde. Wie zu erwarten war, sonderte sich das Männchen vom restlichen Rudel ab und verschwand im gelbbraunen Gras. Eine Zeitlang schlugen wir die Richtung ein, in der das Tier wahrscheinlich verschwunden war; dann sprangen acht mit Gewehren bewaffnete Männer vom Wagen herunter und nahmen die Verfolgung auf.

Peter und Gaorongwe, einer der Krieger, blieben jedoch im Landrover, weil sie glaubten, daß die Männer in die falsche Richtung gezogen waren. Plötzlich war ein Rascheln im Gras zu hören, und der gewaltige Löwe tauchte hinter einem Termitenhügel auf und zog gemächlich davon. Gaorongwe packte sein Gewehr, sprang vom Wagen, ging um einen Busch herum und schoß auf den Löwen. Aus einer Entfernung von hundert Metern und aufgrund der Tatsache, daß ihm der Busch die Sicht versperrt hatte, zielte der Krieger nur schlecht und verfehlte ihn hoffnungslos.

Schnell wie ein Blitz rasten nun ein Dutzend Männer dem Löwen mit geladenen, entsicherten Gewehren hinterher. Peter schnappte sich eine Kamera mit Zoom-Objektiv und setzte der Gruppe nach. Häuptling Meno und ich blieben im Landrover zurück und überlegten abwechselnd Flucht- und Rettungspläne – wobei sich letztlich sein Englisch wie auch mein Motswana zwangsläufig enorm verbesserten! Nach einer Stunde kam dann Peter wieder zurück, dem angesichts der vielen geladenen Gewehre ein bißchen mulmig geworden war.

Nach weiteren vier Stunden kehrten wir alle erhitzt, erschöpft und durstig ins Camp zurück. Nun folgte eine Besprechung nach Motswana-Art, bei der jeder seine Meinung kundtut. Der selbsternannte Anführer der Jagd, Bing Westcob, war frustriert. Zwischen den dampfenden Töpfen mit Maisbrei und gekochtem Fleisch versuchte er, sich gegen zwanzig Stimmen, die alle durcheinanderredeten, Gehör zu verschaffen.

Während des Palavers gelangte man schließlich zu der Meinung, daß es besser sei, im Triumph mit dem Löwenfell zurückzukehren, als einräumen zu müssen, daß die Expedition ein Fehlschlag war. Das Konkurrenzdenken der Jäger untereinander – jeder wollte derjenige sein, der den Löwen für den König erlegt – mußte sich dem Erfolg der Jagd unterordnen. Also machte sich Bing Westcob, dem der Landrover gehörte, nur mit drei der besten Schützen auf, um die Jagd wohlüberlegt fortzuführen. Peter und ich erhielten die Erlaubnis, sie zu begleiten; doch als ich die niedergeschlagenen Gesichter der jüngeren Krieger sah, die nicht mitkommen durften, beschloß ich, bei ihnen zu bleiben.

Während ich am Feuer saß, begann ich hektisch in mein Tagebuch zu schreiben, da ich nicht daran denken mochte, was Peter, den vier Schützen und dem schwarzen Löwen passieren könnte. Gleichzeitig dachte ich darüber nach, was den jungen Männer wohl schlimmer erscheinen mochte – der Verzicht auf die aufregende Jagd oder der Verlust einer Gelegenheit, ihre Männlichkeit und Treffsicherheit unter Beweis stellen zu können.

Als es dunkel wurde und die Kälte der Winternacht hereinbrach, kehrte die Jagdgesellschaft niedergeschlagen zurück. Peter kam ans Feuer, wärmte seine Hände und beschrieb, wie der Nachmittag verlaufen war; zunächst hatte die Jagdgesellschaft eine Löwin mit Jungen verfolgt – zuerst mit dem Wagen, dann viele Stunden lang zu Fuß. Die Jäger hatten geglaubt, daß das Weibchen sie vielleicht zu dem Löwen führen würde.

Peter war erschöpft, und wir beschlossen gemeinsam, die Jagdgesellschaft am nächsten Tag zu verlassen und uns so das Bild eines prächtigen Löwen mit schwarzer Mähne zu bewahren, der in der Blüte seiner Kraft sein Rudel in das Dunkel der Nacht führt.

Links: *Jagdszene.* **Unten:** *»Tau! Tau!« Der Löwe ist gesichtet.*

Im Okavango-Delta treiben Wildhunde ihre Beute oft ins Wasser, weil sie diese dort besser einkreisen und überwältigen können.

IM LAND VON OKAVANGO UND CHOBE

Zwei Leoparden nach der Paarung.

IM REICH DER FLUSSPFERDE

Im allgemeinen sind Flußpferde viel zu groß, um von Löwen erbeutet zu werden. Manchmal werden sie jedoch von ihnen verfolgt, doch sind die Flußpferde zu massig, um von den Raubkatzen überwältigt oder gar erdrosselt zu werden. Zudem sind ihre gewaltigen, stoßzahnähnlichen Eckzähne eine gefährliche Waffe, die man nicht unterschätzen sollte. In Botswana haben die Löwen von Selinda offenbar gelernt, daß sie nur auf den Rücken des Flußpferdes zu springen brauchen, um dann die Hinterbeine des Tiers durch einen gezielten Biß ins Rückgrat lähmen zu können. Das so außer Gefecht gesetzte Flußpferd stirbt dann an einem Schock.

IM LAND VON OKAVANGO UND CHOBE

Manche Schauspiele der Natur sind so überwältigend, daß man sie weder zu ergründen noch zu verstehen versucht, sondern sich für eine Weile nur von ihnen in den Bann ziehen läßt.

IM LAND VON OKAVANGO UND CHOBE

Eine Reise durch die Wüste

»Ich habe gelernt, daß es keine vergangene Epoche gibt,
die nicht auch Teil unserer Gegenwart ist.«

Mike Nicol, *West Coast*

Abgesehen von ein paar Notizen Stanleys und Livingstones
sowie den etwas umfangreicheren Berichten und Reiseskizzen von
Thomas Baines gibt es praktisch keine historischen Aufzeichnungen
über jenes riesige Trockengebiet, das sich von den Makgadikgadi-
Pfannen nordwärts durch die Nxai-Pfanne, die Mababe-Senke und
Savuti bis zu den Wäldern am Chobe erstreckt. Wer jedoch allein zu
Fuß in der großen Stille unterwegs ist, die diesen Ort umgibt, mag
den Eindruck gewinnen, daß dies alles nicht nur die Geschichte von
Heute ist. An diesem Ort wird man zu einem Teil der Ewigkeit,
sowohl der Vergangenheit als auch der Zukunft, denn ganz offenbar
wandert man hier über einen uralten Landstrich, der schon
seit langen Zeiten in Afrika aufgegangen ist.

Rechts:
Gelbschnabelenten auf einem der Seen, die nach den Regengüssen entstanden sind.
Gegenüberliegende Seite: *Ein Elefant in den Savuti-Sümpfen.*

Folgende Seiten: *Skelett eines Pavians.*

Wer zu Fuß auf den trockenen Ufern der Makgadikgadi-Pfannen weitermarschiert, wird auf Spuren der uralten Geschichte stoßen. Diese Chronik wurde jedoch nicht in Worte gefaßt, sondern im Gestein festgehalten, denn hier, an diesem öden Ort, finden sich Pfeilspitzen, Klingen und Speerspitzen, von Urmenschen hergestellt. Man bückt sich, um den dünnen weißen Staub von einer alten Beilklinge zu wischen, und wird sich bewußt, daß der heutige Tag wie auch jener vor Tausenden von Jahren tatsächlich eins sind.

Wer über die glatte, weiße Fläche zu den flirrenden Luftspiegelungen in der Ferne blickt, kann sich leicht einen urzeitlichen Jäger vorstellen, der sich vorsichtig heranpirscht. Nur allzu leicht können wir uns ausmalen, daß er so war wie wir heute und mindestens ebenso klug. Somit sind es nicht wir oder unsere heutige Ära, die eine Gesamtheit ergeben, sondern letztlich nur die Erde und all ihre Lebensformen, die sie seit Urzeiten hervorgebracht hat oder noch hervorbringen wird.

In dieser weitläufigen Wildnis scheint es kaum Leben zu geben. Im Sand, zwischen Gräsern und stummen Bäumen finden sich vielleicht einige wenige spärliche Spuren von Lebewesen, die ohne Wasser auskommen können, sonst aber nichts. Nirgendwo in diesem endlosen, ausgedörrten Land stößt man auf Quellen, Trockenseen oder Sickerflächen, wo es vermutlich Wasser gäbe, und von denjenigen Menschen und Tieren, die sich hierher verlaufen haben, blieben nur gebleichte Knochen zurück.

Wenn sich im Sommer die schwer beladenen, dunkelgrauen Gewitterwolken drohend auftürmen und unverhofft den Tag zur Nacht machen, wenn Blitz um Blitz wie weiße Peitschen über das Firmament zucken, dann stürzen an diesen Ort die Wassermengen wie eine Sintflut vom Himmel herab. Jetzt wird der Staub der Trockenzeit weggespült, und der ausgedörrte Gräserteppich – fast schon eine riesige Strohmatte – wird geschmeidig, weich und grün, und alles riecht wieder neu und frisch. Auf den schwarzen Lehmböden der Mababe-Senke bilden sich unzählige Seen und Tümpel, und in der drückenden, feuchtklammen Hitze sammeln sich die Zikaden in den umstehenden Bäumen und zirpen unablässig ihre Lieder. In den ausgetrockneten Flußbetten kann das Wasser wieder frei und ungehindert strömen, und an den Pfützen, die während der Regengüsse entstanden sind, finden sich schwarze Schildkröten mit spitzen Krallen ein.

Einige dieser Flüsse fließen in die Makgadikgadi-Pfannen, und wenn es lange und ausdauernd genug regnet, entsteht hier wieder ein riesiger Flachsee. Und dann kann man hier eines der eindrucksvollsten Phänomene Afrikas beobachten: Tausende von Flamingos schweben mit scharlachroten Schwingen vom Himmel herab, um sich hier an den Myriaden von Salinenkrebschen zu laben, die in den gerade entstandenen Gewässern geschlüpft sind, und um ihre bizarren Schlammnester zu bauen, in denen sie ihre Jungen ausbrüten, bevor das Wasser wieder zurückgeht, und die Vögel wieder weiterziehen. Niemand weiß, was genau sie anlockt, denn in Trockenjahren erscheinen sie nicht.

Auf dem Land findet sich das Großwild ein, das den grünen Pfaden folgt, die der Regen sprießen ließ. Vom Chobe im Norden ziehen die Tiere zunächst durch die Wälder und anschließend hinaus auf die weite, von hohem Gras und niedrigen Dornsträuchern bewachsene Sandfläche. Auch vom Linyanti her werden Tiere angelockt, die über lockere Sanddünen durch den schlüpfrigen schwarzen Schlamm der Savuti-Sümpfe hierher wandern. Ihre Spuren beginnen im Okavango-Delta unterhalb von Khwai und führen süd- und ostwärts durch die Mababe-Senke in ein Land, das von Menschen unbewohnt ist. Größtenteils sind es Streifengnus und Burchell-Steppenzebras, und die Wanderung beginnt in kleinen, vereinzelten Gruppen; doch wenn die Regenfälle andauern, wird der Drang stärker, bis sich schließlich Hunderte oder Tausende von Tieren zusammenfinden, die äsend stetig weiterziehen. Elefanten, kleine Giraffengruppen und Herden von Spring- und Spießböcken wandern auf der unendlichen, pfadlosen Weite dieser ehemaligen Trockensteppe und folgen den grauen Schleiern der Regenfälle am Horizont. Ihnen dicht auf den Fersen kommen dann die Löwen.

Ich erinnere mich, wie ich als Jugendlicher zwischen Nata und Maun im Dunkeln im Lastwagen in einer Zebraherde feststeckte, durch die es kein Durchkommen gab. Eine halbe Stunde lang versuchten wir es, doch waren es zu viele. Also hielten wir an und verbrachten die Nachts abseits der Piste; die Herde teilte sich vor uns und kam hinter dem Wagen wieder zusammen. Wir schmeckten den Staub, den die Tiere aufwirbelten, und schliefen unter dem sanften Getrappel ihrer Hufe auf dem harten Straßenschotter ein. Am nächsten Morgen waren die Zebras verschwunden. Damals wurde mir bewußt, daß ich Zeuge einer Begebenheit war, die älter ist als jede von Menschen aufgezeichnete Geschichte.

Ngamiland 1928

Auszug aus The Okavango Observer *von Freitag, dem 23. April 1993.*

Der folgende Bericht stammt aus der Wochenzeitschrift The Farmers Weekly *vom 19. September 1928 und wurde von M.T. Kays aus Maun verfaßt:*

In letzter Zeit wurde [dem Distrikt] Ngamiland große Aufmerksamkeit zuteil. Daher möchte ich einige der Besonderheiten eines Landes darlegen, das vor wenigen Jahren nur unter größten Schwierigkeiten zu erreichen war und stets als das »Grab des weißen Mannes« bezeichnet wurde.

Ein trockengefallener See

1887 war der Ngamisee ein riesiger See; heute führt er nur noch ein Sechstel der Wassermenge jener Tage, da er in den letzten drei Jahren nur teilweise wieder vollgelaufen ist. Der Okavango fließt mitten durch Ngamiland, einen teilweise unbewohnten Abschnitt von Khamas Land, wo er bei Rakops, ungefähr 250 Meilen von hier, im Sand versickert. Daß der Ngamisee völlig trockenfiel und jahrelang ausgetrocknet blieb, führe ich auf die Verschlammung der Kanäle zurück, die das Wasser zum See leiten; diese wurden von Schilf, *komo* und Papyrus (das zur Gewinn von Papier diente) überwuchert und verwandelten sich nach und nach in die heutigen Okavango-Sümpfe.

Wenn nicht der Okavango aus dem Hochland von Angola – etwa 1600 Meilen von hier entfernt – hierhin flösse, wäre die gesamte Gegend praktisch unbewohnbar.

Geeignetes Gebiet zur Viehzucht

Insgesamt gesehen eignet sich das Land hervorragend zur Viehzucht und war viele Jahre lang frei von Rinderseuchen wie Lungenseuche, Blutharnen, Küstenfieber und so weiter. Somit gibt es hier riesige Rinderherden, die den Batawanas (ein Zweig des Volkes des verstorbenen Königs Khama) und den Damaras gehören (die nach einem Aufstand gegen die Deutschen aus Südwestafrika hierher geflohen

sind). Letztere kamen hier völlig mittellos an, sind aber heute sehr reich, was an sich schon als Beweis dafür ausreicht, daß sich das Land zur Viehzucht eignet. Die Makobas, die ursprünglichen Eigentümer des Landes, besitzen ebenfalls Rinder, einigen der Batawanas gehören aber nicht weniger als 5000 bis 8000 Stück.

Landwirtschaftliche Projekte

Die Erfolgsaussichten für die Landwirtschaft sind in diesem Land groß. In den Sümpfen könnte man riesige Mengen Reis und Weizen anbauen, insbesondere für den Reisanbau gibt es hier geeignete weitläufige Flächen. Ich bin mir sicher, daß sich hier auch Baumwolle mit sehr guten Erträgen anbauen ließe.

Vor einigen Jahren pflanzte ein Kaufmann in der ehemaligen Hauptstadt Tsao versuchsweise Baumwolle an, die selbst ohne Bewässerung erfolgreich gedieh. Vor wenigen Jahren wurde geplant, das sogenannte *Ngamiland Irrigation Cotton Growing Syndicate* zu gründen, eine Interessengemeinschaft mit dem Ziel, Wasser in den See zurückzuleiten und dann dem Häuptling die Rechte für einen auf einige Jahre befristeten Baumwollanbau am Nord- oder Südufer des Sees abzukaufen. Der Häuptling war im Grunde genommen einverstanden, jedoch entschied der Ältestenrat des Stammes gegen dieses Projekt.

Dabei war gar nicht beabsichtigt, die Besitzrechte des Landes zu erwerben, und das Ganze wäre sowohl für das Land wie auch für Einheimische und das britische Empire sicherlich sehr ertragreich gewesen. Eines Tages wird diese Idee sicherlich zwangsläufig in die Tat umgesetzt werden.

Erz und Holz

Vor Jahren sicherte sich ein gewisser Isaac Bosman, der heute in Steerstrom (Kapprovinz) lebt, im

Namen der Chartered Company die Konzession zum Erzschürfen für diese Gegend. Heute gab man mir zu verstehen, daß diese Rechte nun abgelaufen seien. Ich hege aber keine Zweifel, daß auch hier letzten Endes irgendwann Erz gefunden wird.

Das Land ist auch recht bewaldet. Hier wächst sehr gutes Holz, aus dem man hervorragend Karren bauen kann, so daß kein Holz eingeführt werden muß.

Großwild

Angefangen bei Elefanten, kann man noch immer riesige Wildtierherden aller Art antreffen. Auch Löwen gibt es nach wie vor sehr viele, und man kann gelegentlich nachts ihr Gebrüll vernehmen. Da der Häuptling alle Rechte eines Souveräns genießt, liegt es an ihm, Genehmigungen für die Abschußquoten bestimmter Tiere zu erteilen. Hier geht es nicht um sogenanntes »Königliches Wild«, denn dieses kann es nur dort geben, wo ein Monarch uneingeschränkt herrschen darf; hier haben wir es vielmehr mit einem ausländischen Hoheitsgebiet zu tun – einem Mandatsgebiet unter dem Protektorat von Betschuanaland. Auf uns [Engländer] trifft, so der Experte für internationales Recht, Mr. Mercer, der sogenannte »Ausländer-Status« zu – unter den übrigens auch Regierungsbeamte fallen.

Ausbreitung der Zivilisation

[In Ngamiland] gibt es einen Magistrat – momentan ist dies Captain Tim Reilley –, einen Polizeikommissar, einen Doktor der Medizin sowie einen Missionar der *London Missionary Society,* Reverend Sandilands nebst Gemahlin. Für weiße Kinder gibt es eine Schule, die von einer Lehrerin aus Europa geführt wird. Weiterhin gibt es [für die Einheimischen] eine Kirche mit einem einheimischen Pfarrer, ferner einige Wanderprediger sowie eine Schule mit vier Lehrern, dazu vier große Läden. Im ganzen Bezirk gibt es vier Autos, zu denen noch zwei weitere hinzukommen werden, mehrere Handelsposten, ein paar Polizeiaußenstellen, einen Tierarzt sowie einige Veterinärbeamte.

Die Europäer bezahlen Einkommensteuer oder jährlich zwei Pfund an Kopfsteuer. Ladenbesitzer zahlen zusätzlich Handelsgebühren. Sollte irgend jemand ein Geschäft eröffnen oder Rinder kaufen wollen, muß er sich zunächst eine schriftliche Erlaubnis vom Häuptling einholen. Die Einheimischen bezahlen jährlich ein Pfund drei Schilling Steuer pro Hütte; die wird durch den Häuptling eingetrieben, der davon zehn Prozent einbehält. Viele Einheimische umgehen diese Steuer jedoch und leben auf kleinen Inseln verborgen in den Sümpfen.

Darüber hinaus besitzen wir ein Radio, und außerdem wurde ein Schützenverein gegründet. Momentan richtet die Regierung gerade eine Buslinie von hier nach Livingstone (das über 300 Meilen entfernt liegt) sowie in andere Landesteile ein; ferner hat sie zwei Traktoren bestellt – oder zumindest entsprechende Absichten geäußert. Die Gebühr für den Besitz einer Schußwaffe beträgt zehn Schilling im Jahr.

Die Tsetsefliegen-Plage

Ein großer Nachteil speziell für unsere Region ist der etwa 25 Meilen breite Tsetsefliegen-Gürtel. Die Verluste an Rindern infolge einer durch die Fliege übertragene Seuche geht in die Tausende, doch wurde vor kurzem eine neue Straße für Ochsenkarren gebaut, die den Fliegengürtel völlig umgeht. Maun ist etwa 16 Meilen vom nächsten Verbreitungsgebiet dieser Fliege entfernt. Hoffentlich wird bald ein Mittel gefunden, mit dem man sie ausrotten kann.

Planung einer Eisenbahn

Jeder sieht mit Besorgnis die Zeit kommen, in der wir erleben werden, daß Eisenbahnen von Südwestafrika durch Ngamiland nach Südrhodesien fahren. Wir können uns keine Vorstellung davon machen, was das für dieses Land bedeuten wird, weil unser gegenwärtiges Transportsystem sehr langsam und furchtbar teuer ist.

Fasern in Hülle und Fülle

Ich sollte hinzufügen, daß in diesem Land Pflanzen wachsen, die unerschöpfliche Mengen der feinsten Fasern liefern. Die Buschmänner drehen daraus Taue und Lassos, mit denen sie dann die größten Antilopen fangen. Vor dem Ersten Weltkrieg galten diese Seile auf den Fachmärkten in London und Berlin als qualitativ unerreichbar. Mr. Weatherilt, ein Mitglied des Beirats für das Protektorat, bestellte vor Jahren in England einige sehr teure Drehmaschinen, doch besaßen diese leider einen Konstruktions-fehler, denn die Klingen schnitten die Fasern in Stücke.

Die Löwenjagd

erzählt von Joseph Tekanyetso

»Ich heiße Joseph Tekanyetso. Ich wurde in der Gegend, die man Rakops nennt, in der Kalahariwüste geboren. Diese Geschichte hat sich wahrhaftig zugetragen.

1985 arbeitete ich für Safari South als Spurenleser. Elf Jahre lang arbeitete ich mit einem Mann namens Soren Lindstrom zusammen, einem professionellen Jäger. Zusammen mit mir arbeitete ein Mann namens Teko Mbwe, er war mein Freund.

1985 war da eine Frau namens Sissy Levin, eine Amerikanerin. Sie kam mit ihrer Familie zur Jagd hierher nach Botswana. Einer ihrer Verwandten wollte einen Löwen erlegen.

Zunächst brachten wir diese Leute in die Kalahariwüste, wo sie Vögel jagten. Wir blieben vier Nächte in der Kalahari. Dann kamen wir wieder nach Maun, wo wir übernachteten.

Von hier aus fuhren wir in das Camp namens Four Rivers Camp. Dort blieben wir nur vier Tage und suchten nach einem Löwen. Überall war es sehr trocken, und nirgendwo gab es Löwenspuren.

Nach vier Tagen schickte Soren eine Botschaft ins Büro nach Maun, um den Leuten dort mitzuteilen, daß er von diesem Camp wegwollte. Nun zogen wir in ein Behelfscamp nach Kapuruta um. Hier blieben wir nur zwei Nächte.

Am dritten Tag standen wir um sechs Uhr morgens auf. Wir packten unsere Kühlbox und Butterbrotdosen. Um sieben Uhr begannen wir mit der Jagd.

Um neun Uhr sahen wir einige Zebras. Soren fragte eine Frau, ob sie das Zebra schießen wolle. Die Frau schoß nur einmal, und schon lag es am Boden. Wir gingen zu dem Tier und halfen der Frau, denn sie hatte gut geschossen.

Von der Stelle, wo wir das Zebra töteten, fuhren wir noch einmal 30 Minuten. Dann stießen wir auf eine Löwin mit vier Jungen. Mit meinem Stecken zeigte ich Soren, daß die Löwin gerade ins Dickicht gelaufen war. Wir fuhren an den Rand des Dickichts und suchten nach der Spur des Männchens.

Wir sahen ein großes Löwenmännchen, das in Richtung der Mopanebäume lief. Ich zeigte Soren den Löwen mit meinem Stecken. Soren meinte zu Mr. Coke, er solle sich zum Schuß bereitmachen, denn Mr. Coke war derjenige, der einen Löwen schießen wollte. Der junge Amerikaner zitterte vor Aufregung, und sein erster Schuß ging in die Luft.

Der große Löwe rannte weg. Wir riefen dem Amerikaner zu: ›Schieß noch einmal, schieß noch einmal!‹

Das Löwenmännchen lief ins Dickicht. Soren umfuhr das Gebüsch. Da stürzte sich der Löwe direkt auf den Landrover, und zwar geradewegs von hinten.

Alle begannen zu schreien. Wir waren sieben im Landrover. Soren gab Gas und fuhr davon, und der Löwe fiel zurück. Soren fragte die Leute, ob sie noch einmal umkehren wollten, um die Löwenspuren wiederzufinden, aber die Leute wollten den Löwen nicht mehr verfolgen.

Soren entdeckte einen hohen Ahnenbaum und ließ die Leute hinaufklettern. Soren, Teko, Mr. Coke und ich fuhren dorthin zurück, wo wir den Löwen zuletzt gesehen hatten. Wir fuhren mehrmals im Busch umher, konnten das Tier aber nicht mehr finden.

Nun versuchten wir, seine Spuren zu finden. Soren trug ein Gewehr, wir selbst folgten ohne Waffe. Dann griff der Löwe plötzlich an. Er kam geradewegs auf Soren zu; der versuchte, ihn zu erschießen. Soren verfehlte ihn knapp, und der Löwe griff ihn weiter direkt an und biß in seinen rechten Arm. Soren begann zu schreien: ›Oh mein Gott, bitte hilf mir, mein Gott, bitte hilf mir!‹

Ich bemerkte, daß mich der Schwanz des Löwen am Bein getroffen hat. Ich packte den Schwanz des Löwen und versuchte, an Sorens Gewehr zu gelangen. Der Löwe sprang mich daraufhin an und biß mich in den rechten Arm – insgesamt vier Mal.

Zu diesem Zeitpunkt hockte Teko schon oben im Baum. Er rief dem jungen Amerikaner laut schreiend zu, er solle den Landrover holen. Coke versuchte, den Landrover so unter den Baum zu fahren, daß Teko hineinspringen konnte.

Danach fuhr er zwischen mich und den Löwen. Coke ging um den Wagen, hob mich auf und hievte mich in den Landrover. Dann fuhr er weg. Teko rief: ›Halt, halt! Wir müssen versuchen, diesen Löwen zu erschießen!‹

Coke weigerte sich, den Landrover anzuhalten. Er fuhr davon, und als er in der Nähe des Baumes war, auf dem seine Mutter saß, begann er, laut zu rufen. Seine Mutter machte im Baum ebenfalls ein großes Geschrei. Die Menschen ließen sich einfach auf den Boden fallen und rannten zum Landrover.

Nun bemerkten wir, daß Soren am ganzen Körper voller Blut war. Auch ich blutete überall.

Vorherige Seiten: *Bisweilen werden Streifengnus unvermittelt von einer Panik ergriffen, die sie ohne Sinn und Ursache fluchtartig und ziellos davongaloppieren läßt.*

Alle begannen nun zu schreien. Teko schickte eine Botschaft an das Büro in Maun und teilte dort mit, daß wir einen Unfall im Busch hatten. Wir warteten dort anderthalb Stunden lang.

Zum Glück waren wir einfach hiergeblieben. Denn ein Mann namens Mr. Tim war aufgebrochen, um uns im Busch zu suchen.

Zwei Monate lang lag ich im Krankenhaus von Maun. Soren blieb dreieinhalb Wochen lang in Johannesburg im Krankenhaus. Wir leben aber beide noch.

Eine Woche später fand Harry Selby, ein anderer professioneller Jäger, diesen Löwen und tötete ihn.«

IM LAND VON OKAVANGO UND CHOBE

Carling – ein Afrikanischer Wildhund

von Tico McNutt

Dr. J. ›Tico‹ McNutt lebt im Norden von Botswana und erforschte dort mehrere Jahre lang Wildhunde.

Oben:
Tico entnimmt dem Alpha-Weibchen eines neugebildeten Rudels eine Blutprobe und bringt einen Halsbandsender an.

Ich fand Carling mitten in Chitabe, etwa 20 Kilometer vom Zentrum des Streifgebiets des Santawani-Rudels entfernt. Es war das erste Mal in zwei Jahren, daß sie sich alleine außerhalb dieser Gebietes aufhielt.

20 Kilometer sind keine ungewöhnliche Entfernung für den Streifzug eines Afrikanischen Wildhundes, aber dieses Mal war es anders: Carling war schon seit mindestens zwei Wochen von Santawani fort, und da sie alleine verschwunden war, hatte ich gehofft, sie habe sich einigen neuen Rüden angeschlossen. Nachdem sie die beiden vergangenen Jahre als rangniederes Weibchen im Santawani-Rudel gelebt hatte und sich folglich nicht fortpflanzen konnte, nahm ich an, daß sie nach einem anderen Rudel Ausschau gehalten hatte, in dem sie die dominierende Stellung einnehmen und so direkt das Schicksal ihrer Nachkommen bestimmen konnte. Daher war ich überrascht, sie allein und völlig ausgezehrt anzutreffen.

Sie war so abgemagert, daß ihre Rippen aus der Haut hervortraten. Noch schlimmer war, daß sie mit ihrem rechten Vorderfuß schwer hinkte; er war am Gelenk auf die Größe einer Zitrone angeschwollen. An einer ähnlichen Verletzung war ihre Mutter Amstel vor zwei Jahren gestorben.

Amstel hatte bereits gehinkt, als ich sie im April 1990 zum ersten Mal sah, und nur weil das Rudel regelmäßig auf sie wartete, war sie überhaupt in der Lage, ihm zu folgen. Schließlich konnte Amstel nicht mehr mithalten, und da sie auf sich allein gestellt nicht jagen konnte, verlor sie rasch an Kraft. Nach der ersten Woche schien es, als könne jeder Tag ihr letzter sein. Erstaunlicherweise sie hielt jedoch durch und zeigte jenen Lebenswillen, wie er meines Erachtens für Wildhunde charakteristisch ist. Sie bäumte sich gegen ihr unvermeidliches Schicksal auf und jagte hinkend, so schnell sie konnte, hinter Impalas her.

Nach ein paar weiteren Tagen ohne Futter starb Amstel schließlich, als sie zufällig auf einen Löwen stieß, der ihr die Wirbelsäule durchbiß. Am folgenden Tag fand ich ihren Kadaver. Sie hielt noch ein Grasbüschel zwischen den Zähnen, als wollte sie selbst im Moment ihres Todes noch beweisen, wie sehr sie am Leben hing. Nun schien es mir, als drohe Carling das gleiche schwere, tragische Schicksal.

In der ersten Nacht, nachdem ich sie gefunden hatte, wanderte Carling mehr als sieben Kilometer geradewegs in Richtung ihres alten Aktionsraums. Offenbar schien sie zu wissen, daß sie nicht mehr auf sich alleine gestellt jagen konnte und ihre einzige Chance darin bestand, ihre Familie wiederzufinden. Ich wußte, daß das Santawani-Rudel, dessen Streifgebiet über 450 Quadratkilometer umfaßte, überall sein konnte. Wildhunde legen im Schnitt mehrmals am Tag fünf bis sechs Kilometer in eine beliebige Richtung zurück. Die Chancen schienen gering, daß Carling ihr Rudel wiederfinden würde, bevor sie vor Schwäche nicht mehr laufen konnte. Doch sie hielt durch.

Am zweiten Tag brach sie in der kühlen Abenddämmerung mit neuer Zielstrebigkeit auf, nachdem sie sich während der Hitze des Tages ausgeruht hatte. Ich folgte ihr in die Dunkelheit.

Bei Einbruch der Nacht hatte sie ihr altes Streifgebiet erreicht und bewegte sich nun auf vertrautem Gelände; irgendwo auf diesen 450 Quadratkilometern befand sich ihr Rudel – und somit erhöhte sich ihre Überlebenschance. Sie verharrte und sandte einen hoffnungsvollen, heulenden Klagelaut in die Dunkelheit. Voller Erwartung lauschte sie anschließend auf irgendeine Antwort; als sie nichts hörte, humpelte sie auf drei Beinen etwa 200 Meter weiter und legte sich wieder zu Boden. Offenbar ließen ihre Kräfte spürbar nach – sie vermochte weder ohne Pausen weiterzulaufen, noch konnte sie viel Energie in ihre Rufe stecken.

Ihre Stimme war heiser und stockend, als ich sie für den Rest der Nacht alleine ließ. Zu diesem Zeitpunkt war ich ziemlich sicher, daß sie auf diese Art keinen Tag länger weiterwandern konnte, und auch dann nur, wenn sie das Glück haben sollte, keinem Löwen zu begegnen.

Beim ersten Morgenlicht machte ich mich daran, sie zu suchen. Ungefähr fünf Kilometer von der Stelle, an der ich sie nachts zuvor zurückgelassen hatte, hörte ich einen heiseren Kontaktruf. Er stammte zweifellos von ihr. Sie hatte die Nacht überstanden – das Schicksal hatte zu ihren Gunsten entschieden, dachte ich für mich. Ich wartete auf weitere Heulrufe und grübelte über meine Rolle in diesem Naturdrama nach, als ich plötzlich glaubte, einen etwas kräftigeren Ruf aus einer anderen Richtung vernommen zu haben. Also harrte ich aus und hörte nach wenigen Augenblicken Carlings heisere Stimme – die von einem entfernten, aber kräftigeren Ruf beantwortet wurde.

Als ich über die ausgetrockneten, rissigen Schwemmebenen den Rufen entgegenfuhr, entdeckte ich in der Ferne vier Wildhunde, die aus dem Gebiet wegliefen, in dem ich Carling vermutete. Alle vier waren kräftig; Carling war jedoch nicht bei ihnen. Das war nicht, was ich erwartet hatte, also wendete ich, um ihnen zu folgen, und fragte mich zugleich, wer sie wohl waren, warum sie davonliefen, und was geschehen war, als sie Carling fanden. Prompt stellte ich mir das Schlimmste vor: Eine aggressive Auseinandersetzung mit fremden Hunden.

Nach einem kurzen, erfolglosen Versuch, die unbekannten Wildhunde aufzuspüren, fuhr ich zu jener Stelle zurück, an der ich Carling vermutete. Einige Minuten lang waren keine Rufe zu hören gewesen, doch plötzlich vernahm ich wieder einen aus der Ferne. Sie zog noch umher. Dann erhielt sie wieder Antwort: Mehrere Hunde riefen aus der gleichen Richtung. Ich wußte, daß die Entfernung immer kürzer wurde und die Hunde, die ihr antworteten, nun zu ihr kamen.

Als ich Carling erreichte, war sie bereits vom Santawani-Rudel umringt. Mir war ganz feierlich zumute – vielleicht seufzte ich auch vor Erleichterung auf –, und ich erwartete, ein ähnliches Verhalten auch bei den Wildhunden zu erkennen. Statt dessen folgte eine flüchtige, unterwürfige Begrüßung durch ihre Neffen und Nichten, dann der anderen, und danach brach Carling neben ihrer Schwester Harp, dem dominanten Weibchen, zusammen. Sie sah aus wie ein Häufchen Knochen unter einer dünnen Haut.

Ich war überwältigt von ihrer inneren Kraft und ihrem Lebensmut – und natürlich auch vom Zufall. War es wirklich ein Zufall, daß sie wußte, wohin sie zu laufen hatte? Wie konnte Carling zufällig innerhalb eines so weitläufigen Gebietes so nahe an ihr Rudel herankommen, daß die anderen Wildhunde ihre schwachen, verzweifelten Laute hören konnten? Sie konnten sich fast überall in ihrem Streifgebiet aufhalten, und in einer Entfernung von mehr als einem oder zwei Kilometern wäre ihr mitleiderregendes Rufen kaum vernommen worden.

Selbst wenn Carling jetzt stürbe, hatte sie es entgegen aller Wahrscheinlichkeit zumindest geschafft, in den Schoß ihrer Familie zurückzukehren, dachte ich, als ich die Wildhunde verließ. Ich wußte, daß sie aufgrund ihrer Verletzung durchaus wieder den Anschluß an das Rudel verlieren konnte, und es sehr schnell mit ihr zu Ende gehen würde, wenn sie nicht bald etwas fraß.

Drei Wochen später stieß ich erneut auf das Santawani-Rudel und war überrascht, Carling wieder bei Kräften anzutreffen; sie hatte sogar wieder Gewicht zugelegt. Erstaunlicherweise war sie vier Monate danach kräftig genug, um einen Wurf Junge zu gebären. Zum ersten und einzigen Mal in ihrem Leben durfte sie diese behalten und zog sie mit der Unterstützung des übrigen Rudels auf.

Links außen: *Ausrüstung eines Wildhund-Forschers.*
Links: *Ein Rudel Afrikanischer Wildhunde prescht durch eine Pfütze.*

IM LAND VON OKAVANGO UND CHOBE

Vorherige Seiten: »*Eine der unerbittlichsten Forderungen des Fortschritts an Menschen wie auch an ganze Kontinente ist, daß sie ihrer Exotik abschwören und ihre Geheimnisse preisgeben sollen; und genauso unerbittlich ist das Ende des letzten Elefanten irgendwo entlang dieses Weges vorgezeichnet.*«
Romain Gary, *The Roots of Heaven*

Oben: *In der Trockenzeit kommen Hunderte von Tauben an den Wasserlöchern zusammen.*

EINE REISE DURCH DIE WÜSTE

Von links nach rechts:
Während er auf Beute lauert, kann ein Leopard genauso bewegungslos sein wie die umliegenden Felsen. »Man erinnerte sich an die Kurve einer Radspur im Gras der Steppe, als hätte sie sich einem ins Gemüt eingedrückt.«
Tania Blixen,
Afrika, dunkel lockende Welt

Ein Rotschnabeltoko versorgt seine Partnerin in der Nisthöhle mit Futter. – Auch bei Hyänen gilt: Die zahlenmäßig stärkere Partei gewinnt.

Oben: *Auf den riesigen Flächen der Makgadikgadi-Pfannen und Savuti-Sümpfe erstreckt sich die endlose Weite Afrikas, und unter dem Gewölbe eines noch weiteren Himmels verstummt der Rhythmus seiner uralten Trommeln.*

Folgende Seiten: »*Und im Mondlicht auf den stahlgrauen Ebenen grasen Zebraherden, kleine Lichtflecken, gleich Tränen auf den Wangen, so fallen Sternschnuppen vom Himmel und verschwinden.*« **Tania Blixen**, *Afrika, dunkel lockende Welt*

IM LAND VON OKAVANGO UND CHOBE

Elefanten – die stillen Riesen Afrikas

»In den ersten Tagen der Zeit führte der Elefant auf dem
Dach der Welt ein Leben, das für ihn zutiefst befriedigend war und
sich als Vorbild für die übrige Schöpfung eignete.«

Tania Blixen, *Afrika, dunkel lockende Welt*

*Auf der Hauptstraße Richtung Ngoma Bridge kroch ein
großer Sattelschlepper die Anhöhen aus dem Tal von Sidudu hinauf.
Als der Wagen oben angelangt war und wieder hinabfuhr, stieg hinter
ihm eine dichte Staubwolke auf, die die Bäume verschluckte.
Im Führerhaus warf der stämmige Fahrer der molligen jungen Frau, die
er mitgenommen hatte, ein Lächeln zu. Sie trug eine enges, sauberes
Kleid, und Gesicht und Haar glänzten ölig. Aus dem Augenwinkel
heraus bemerkte der Fahrer eine Bewegung vor sich am Straßenrand.
Er wollte gerade seine Hupe tönen lassen, doch da war es schon
zu spät: Der junge Elefant war bereits auf die Straße gelaufen,
und mehrere andere waren ihm gefolgt.*

Rechts: *Touristen auf einer Fotosafari.* **Gegenüberliegende Seite:** *Abendstimmung am Linyanti-Kanal: Zwei Elefanten an der Tränke.*

Als die Bremsen blockierten, geriet der LKW auf dem Schotter ins Schlingern. Die muskulösen Unterarme des Fahrers spannten sich an, während er mit dem Lenkrad rang und die Fahrerkabine seitwärts steuerte. In einer riesigen Staubwolke kam der Schwertransporter dann endlich zum stehen.

Durch den dichten Staub stürmte eine wütende Elefantenkuh mit weit abgestellten Ohren bis auf wenige Meter an das Führerhaus heran, bevor sie laut brüllend dem Rest der Herde folgte, die zwischen den Bäumen verschwand.

Etliche Meilen entfernt schaute ein staubbedeckter Bediensteter am geöffneten Tor des Chobe-Nationalparks dem letzten der Safarifahrzeuge nach, die an diesem Nachmittag Touristen in das Schutzgebiet brachten. Ein Stück weiter, kurz vor Kasane, traten drei Elefantenbullen zögerlich aus der Deckung der Bäume, überquerten die Straße und stapften schwerfällig das steile Ufer zum Fluß hinunter. Der Parkwächter senkte seinen Schlagbaum und lächelte erleichtert, denn auch er war erschöpft von dem ganzen Rummel, der hier auf der Nordostspitze des Chobe-Nationalparks lastet.

Wenn die Wasser in den Bodensenken verdunstet sind, drängeln sich die großartigen Dickhäuter Afrikas auf diesem knapp dreißig Kilometer großen Gebiet westlich des Nationalparktors. Unaufhörlich wandern Elefanten von den Bergen herab, während Kaffernbüffel in dichten, schwarzen Massen über die Hochgrassavannen am Fluß ziehen. Im Schatten dösen Löwen, und am Flußufer sonnen sich vereinzelt Krokodile neben suhlenden Flußpferden. Da man all diese Tiere im Laufe einer dreistündigen Besichtigungstour beobachten kann, lockt das Spektakel große Menschenmengen an.

Aus der Flußniederung hinter dem Tor von Chobe ragt ein hoher Aussichtsposten der Armee empor, neben dem die Flagge Botswanas im Wind flattert – ein augenfälliger Protest gegen den von Namibia ausgeübten Druck, das Sidudu Island für sich beansprucht. Auf dem Fluß tummeln sich zahlreiche Schaulustige in Booten, um die Wildtiere zu beobachten, die zum Trinken ans Wasser kommen. Zu Lande fährt ein Konvoi von Safari-Fahrzeugen, deren Fahrer gierig nach aufregenden Fotomotiven Ausschau halten. Zur Beherbergung all dieser Besucher entstand im Laufe der Zeit am Flußufer ein Wirrwarr aus Hotels, Lodges und Campingplätzen, die wiederum ein Heer von Arbeitskräften und Versorgungsfahrzeugen anziehen.

Eines Morgens, nachdem wir das Tor zum Chobe passiert hatten und die Watercart Road zum Fluß hinunterfuhren, stießen wir auf zwei schlafende Löwen. Um die dösenden Großkatzen hatten sich sechzehn Safari-Fahrzeuge gruppiert, in denen sich insgesamt 167 Personen befanden. Im Gegensatz zu den Löwen, die den Rummel ziemlich gelassen hinnahmen, ergriffen wir die Flucht. Am Ende der Flußebene des Nanyanga waren wir offenbar endlich für uns allein. Ich griff meine Angel und kletterte zu einem Nebenarm hinunter, in dem ab und zu Fische durch die dichten Schwaden der Wasserpest huschten. Ein großes Krokodil, das gut hundert Meter entfernt am Ufer lag, schreckte auf und glitt geräuschlos ins Wasser. Ich hatte meine Angelschnur noch nicht ausgeworfen, als seine Augen und Nasenlöcher lautlos in knapp achtzig Meter Entfernung aus dem Wasser tauchten. Während ich zu angeln begann, verschwand es und tauchte dann noch näher wieder auf. Erst als es unter der Wasseroberfläche entlang glitt und ganz verstohlen in etwa dreißig Metern Entfernung wieder emporkam, wurde mir klar, daß es sich an mich anpirschte. Daher rollte ich rasch meine Angelschnur auf und kletterte atemlos wieder das Ufer hoch. In meiner panischen Angst hatte ich das Krokodil erst als das erkannt, was es tatsächlich ist – als Archetyp eines Raubtiers.

In jener Nacht zelteten wir für uns alleine auf der Kabolebole-Ebene, als wir den Schuß eines Wilderers irgendwo in den Berghängen im Süden vernahmen. Am nächsten Morgen meldete ich Mr. Morake den nächtlichen Vorfall und war froh, nicht in seiner Haut zu stecken. Denn als Parkwächter fiel ihm keine leichte Aufgabe zu: Einerseits muß er die Menschenmassen eindämmen und steuern, zur gleichen Zeit soll er aber auch dafür sorgen, daß die Freiräume der ebenfalls massenhaft vorhandenen Elefanten erhalten bleiben.

Ich war mir auch sicher, daß Morake die tatsächliche Brisanz des Konfliktes unterschätzte, denn wie die meisten Naturschützer konnte er der Grausamkeit und Geldgier der Wilderer lediglich sein Engagement und seine Prinzipien entgegensetzen.

Ein Löwe greift an – zum Nachdenken bleibt jetzt keine Zeit mehr, und nur ein uralter, längst vergessener Instinkt warnt den Betrachter, daß jede Bewegung, und sei es auch die kleinste, den Tod bedeuten kann.

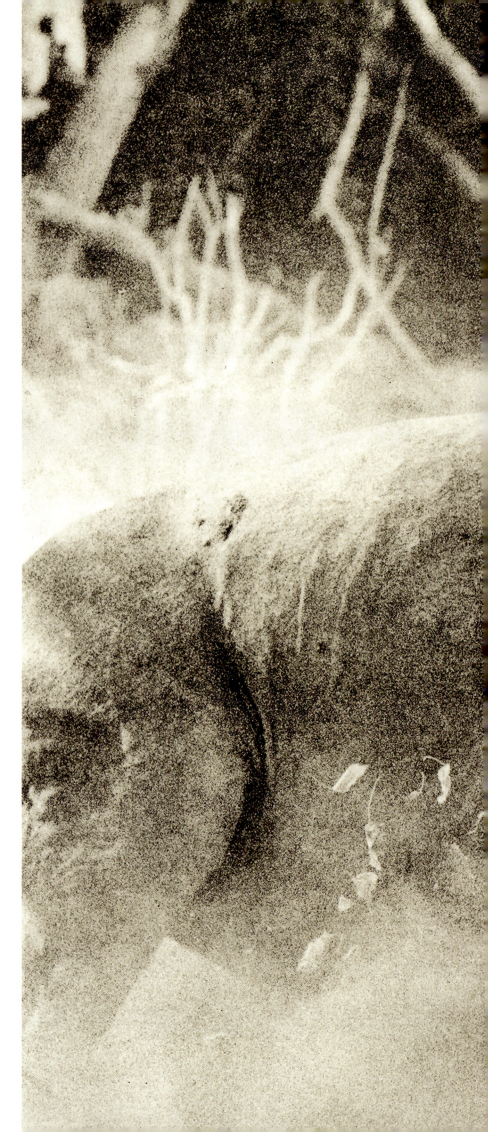

»Und deshalb ist es so gefährlich, ein Tier in eine belebte Maschine, eine Kuh in einen Milchautomaten zu verwandeln. Der Mensch schneidet auf diese Weise die Schnur durch, die ihn mit dem Paradies verbindet, und nichts wird ihn aufhalten, nichts wird ihn trösten auf seinem Flug durch die Leere der Zeit.«
Milan Kundera,
Die unerträgliche Leichtigkeit des Seins

Willie Phillips zum Thema Jagd

»Man könnte mich im Grunde zu jenen Leuten zählen, die den Niedergang des Okavangos einleiteten, als ich 1958 mit der Krokodiljagd begann. Als ich hier ankam, war ich bettelarm, wir lebten jedoch recht glücklich und hatten unser Auskommen. Wir besaßen zwar keinen Kühlschrank, doch machte es uns nichts aus, wenn die Getränke warm waren – etwas, was ich heute nicht mehr ertragen könnte.

Fortschritt läßt sich einfach nicht vermeiden. Die Menschen müssen leben, aber dennoch begehen sie den Fehler, daß sie die Tierwelt heute noch genauso willkürlich vernichten wie in früheren Zeiten. Eigentlich sollten wir inzwischen ja klüger sein, doch ist die Zerstörung heute schlimmer als je zuvor.

Im großen und ganzen muß man unsere jagenden Mitbürger für diese Situation verantwortlich machen. Es ist nämlich außerordentlich schwierig, gegen einen Ausländer vorzugehen, der gegen bestehende Jagdbestimmungen verstößt und dem nun Entzug der Lizenz, Beschlagnahmung von Wagen und Waffen sowie hohe Geldstrafen drohen, wenn unsere eigenen Bürger zur selben Zeit illegal jagen. Sie sollten mit gutem Beispiel vorangehen.

Während meiner Kindheit jagten die Menschen hier im Okavango-Delta, um zu essen; heute jagen sie, um das Fleisch zu verkaufen. Auf mich trifft das allerdings nicht zu.

Ich bin anderer Meinung als jene Leute, die in erster Linie Dürrezeiten, Hochwasserjahre oder regenarme Jahre für den Rückgang der Wildbestände verantwortlich machen. Die großen, überschwemmungsfreien Flächen bieten den Tieren größere Rückzugsmöglichkeiten, während bei starkem Hochwasser die Inseln überflutet und die Tiere an den äußersten Deltarand gedrängt werden, wo sie leichter abgeschossen werden können. Zuerst wandert das Wild ab, später folgen zwangsläufig die Raubtiere. Bei starkem Hochwasser können zudem viel mehr Gebiete erreicht werden: Man kann mit dem Einbaum auch an Orte gelangen, die man mit einem Fahrzeug nicht erreicht.

In einem bestimmten Gebiet im Delta findet man beispielsweise immer noch große Büffelherden. Der Grund dafür ist, daß die Einheimischen, die erst während der kalten Jahreszeit, wenn die Büffel dort größere Herden bilden, Biltongue (eine Art Fleischkonserve) herstellen können, nicht mit ihren Einbäumen in diese Gebiete vordringen können, weil der Wasserstand zu niedrig ist. Erst wenn die Büffel dann gegen Ende des Winters aus dieser Gegend abwandern, reicht der

Wasserstand aus, so daß die Jäger auch hierhin vordringen können; allerdings sind die Tiere zu diesem Zeitpunkt bereits viel weiter entfernt, damit sie beim Einsetzen des Regens rechtzeitig nach Norden ziehen können. Dieses Gebiet ist also nur zu Fuß erreichbar, doch das ist ein hartes Stück Arbeit, und da man auch nicht besonders viel tragen kann, schießen diejenigen Jäger, die sich so weit vorwagen, jeweils nur ein Tier und kehren dann wieder zurück.

Einmal begaben wir uns zusammen mit einem Viehzüchter zur Büffeljagd in dieses Gebiet und sprangen sozusagen von Insel zu Insel. Vor unserem Lagerplatz erstreckte sich eine gut drei oder vier Kilometer lange und einen Kilometer breite Schwemmebene. Eines Morgens gegen neun oder zehn Uhr wanderte hier eine Büffelherde vorbei. Der Jäger meinte jedoch, er könne keinesfalls Tiere in unmittelbarer Nähe zu unserem Lagerplatz schießen.

Überall, wohin das Auge blickte, standen Büffel – etwa zwei- bis dreitausend Tiere, die eine einzige Herde bildeten. Sie blieben bis etwa vier Uhr nachmittags. Unser Kunde war verblüfft, daß es noch Jagdstätten wie diese gibt, die einen solch überwältigenden Anblick bieten. So etwas sieht man heute nur noch äußerst selten.

Wahrscheinlich werden Sie mir nicht glauben, daß ich meinen ersten Büffel genau auf dem gegenüberliegenden Ufer des Shashe geschossen habe, exakt hier in Maun. Das war noch vor dem Bau des Makalamabedi-Zaunes um 1954.

Leider begann damals auch die Jagd nach dem Geld, nach dem schnellen Gewinn. Ursprünglich waren Buschmänner die besten Naturschützer, weil sie ausschließlich für ihren Lebensunterhalt jagten. Sie jagten nur, um zu leben, denn woher sollten sie 3000 Pula bekommen, um ein Gewehr zu kaufen? Wenn man 3000 Pula besitzt, um ein Gewehr zu kaufen, hat man auch genügend Geld für Lebensmittel und braucht nicht zu jagen, um zu überleben. Bis die zuständigen Behörden diese einfache Gleichung endlich begriffen haben, ist unsere Natur dem Untergang geweiht.

Zur professionellen Jagd gehört weiterhin, daß die Zufriedenheit der Kunden garantiert ist. Vor kurzem hörte ich, daß während eines einzigen Jagdausflugs 35 beziehungsweise 57 Löwen gesichtet wurden, doch erhebt sich hier nicht die Frage – eine Frage, die sich Jagd-Fans stellen sollten, bevor sie sich für höhere Löwenabschußquoten engagieren –, wie viele

davon Männchen waren und auch tatsächlich als Trophäe in Frage kamen. Möglicherweise nur drei oder vier?

Berufsjäger verdienen gut und führen ein unabhängiges Leben. Sie genießen das Privileg, einen Großteil ihrer Zeit draußen im Busch in relativer Freiheit zu verbringen, und müssen daran denken, daß sie Entscheidungen treffen, was sie und wie sie etwas tun. Einige der Kunden sind zwar außerordentlich reich, müssen aber dennoch auf den Jagdprofi hören, ob es ihnen nun paßt oder nicht.

Dies ist mitunter schwierig, weil der Kunde immer noch denkt, er sei Leiter eines umsatzstarken Konzerns und könne die anderen nach Belieben herumkommandieren; früher oder später jedoch muß der Jagdprofi wieder die Kontrolle übernehmen, ohne die Situation auszunutzen.

Angesichts der Vielzahl an Jägern muß dieses Schachern um Abschußquoten einfach ein Ende haben. Man sollte nie vergessen, daß bei der Trophäenjagd stets der beste Zuchtbestand abgeschossen wird. Die Qualität der Trophäen in Botswana hat im letzten Jahrzehnt stark nachgelassen. Jeder, der eine Jagderlaubnis besitzt, sollte daher für das ihm überstellte Revier verantwortlich sein. Er sollte beaufsichtigen, wer dort jagt und welche Arten gejagt werden. Die Frage des Geldes sollte gegenüber der ordnungsgemäßen Nutzung eines Reviers an zweiter Stelle stehen.

Ich bin selbst Profi-Jäger und werde sicher nicht mit der Jagd aufhören. Ich jage stets solche Arten, die häufig sind, denn es gibt nun mal Arten, die sehr zahlreich vorkommen. Wenn man das in vernünftiger Weise tut, entsteht dadurch kein Schaden, solange man ethische Aspekte berücksichtigt. Das Tier sollte waidgerecht (d.h. schnell und schmerzlos) getötet werden, und man darf kein verwundetes Tier zurücklassen.

Meines Erachtens ist es nicht notwendig, die Jagd völlig zu verbieten, möglicherweise ist dies jedoch die einzige Lösung, damit die Menschen erkennen, daß irgendeine Behörde dahintersteht. Die Jagd sollte aber in angemessener Weise kontrolliert werden. Momentan ist das leider nicht der Fall.«

IM LAND VON OKAVANGO UND CHOBE

Links: *Ruger, ein schwarzer Labrador, wartet darauf zu apportieren.*

Gemeinsam mit diesen Männern prüfte ich die Windrichtung, robbte zentimeterweise durch das trockene Gras und lag flach auf dem Boden, um wilden Tieren aufzulauern. Ameisen zwickten mich in die Brust, Schweiß rann mir den den Rücken herab, und das Adrenalin schien in meinem ausgetrockneten Mund zu brennen. Damals erkannte ich, daß nicht die Jagd den emotionalen Kick auslöst, sondern letztlich nur das Töten – und das ist das eigentliche Dilemma.

Ein Zwist zwischen Elefanten

Wenn vor Einsetzen der Regenfälle gegen Ende der langen Trockenzeit die Tage länger und heißer werden, steht den Elefanten des Chobe-Nationalparks nur noch das Wasser des Chobe als Trinkwasser zur Verfügung. Immer wenn Wasser zu einem so kostbaren Gut wurde, hatten wir den Eindruck, daß die Dickhäuter an der Tränke nicht nur bloß ihren Durst löschten, sondern das Trinken regelrecht zelebrierten.

Die Elefanten kamen zu jeder Tageszeit an den Fluß: Einzelne Bullen und Gruppen aller Art, Junggesellenherden und Familientrupps; manche Herden waren klein und argwöhnisch, andere groß und durch den jahrelangen Kontakt mit Menschen furchtlos.

Die älteren Bullen – jene mit abgesplitterten oder abgebrochenen Stoßzähnen – schleiften ihre Rüssel matt über die staubigen Straßen und warteten oft hinter dichtem Gebüsch, bis ein Fahrzeug vorübergefahren war, bevor sie die Straße überquerten. Die jüngeren stürmten aufgeregt zwischen den Bäumen hindurch und veranstalteten dabei einen unerhörten Lärm. Die vorsichtigeren Familiengruppen wählten zur Überquerung die entlegensten Stellen der Straße aus, so daß sie plötzlich wie Geister am Flußufer auftauchten. Einmal dort angelangt, unterdrückte der Durst jedoch sämtliche anderen Instinkte. Nur die besonders großen und schwerfälligen Herden ließen sich nicht aus der Ruhe bringen und zogen im Gänsemarsch die ausgetretenen Pfade zu ihren Lieblingswasserlöchern, wo sie oft stundenlang entspannt im Wasser standen.

An einem gewittrigen Abend – über uns hing der Himmel schwer und schwarz, und auch der Chobe floß düster und unheilvoll daher – fuhren wir langsam durch Serondela und hinaus in die Flußniederungen. Da wir uns Gedanken um das heraufziehende Unwetter machten und etwas ruhelos waren, fuhren wir eher konstant voran und achteten nicht mehr auf potentielle Fotomotive. Die Straße war uneben, und der Wagen kam nur äußerst langsam voran; und so standen wir nach einer Kurve plötzlich vor einer Herde Elefanten, die sich auf der Ebene verstreut, uns aber nicht bemerkt hatten. Irgendetwas lag in der Luft; viele Rüssel reckten sich zurückgerollt in die Höhe und witterten. Wir schalteten den Motor ab und beobachteten, was geschah.

Einige Minuten lang schien das Szenario vor uns wie versteinert, so daß wir uns schon fragten, ob uns das nahende Unwetter nervös gemacht hatte oder die Spannung unter den Elefanten nur ein Produkt unserer Phantasie sei. Plötzlich stürmte jedoch ein gewaltiger Bulle, der ein paar Meter von uns entfernt stand, ohne Vorwarnung auf einen jüngeren Bullen zu. Seine Aggression nahm das Tier so sehr in Anspruch, daß es uns überhaupt nicht beachtete beziehungsweise uns einfach ignorierte.

Das jüngere Männchen senkte den Rüssel und wartete breitbeinig ab. Im allerletzten Moment drehte der Angreifer ab und vermied so eine direkte Konfrontation.

Zwei weitere Bullen standen mit erhobenem Rüssel bereit, um sich bei Bedarf ebenfalls in den Kampf zu stürzen.

Im Hintergrund zog der Rest der Herde über die Ebene; einige Elefanten zeigten eine Spur von Interesse und wandten sich dem Geschehen zu, die meisten Tiere rissen jedoch seelenruhig weiter Grasbüschel aus, von denen sie die Erde abschüttelten, ehe sie das Gras fraßen. Diese Gleichgültigkeit wirkte etwas befremdlich – als wenn die Elefanten wüßten, daß das Leben so oder so weitergehen wird.

Die beiden Elefantenbullen schritten aufeinander zu. Der riesige Bulle hob den Rüssel in die Höhe, was der jüngere auch tat; der größere Elefant senkte seinen Rüssel, und das kleinere Tier ahmte ihn nach. Wollte der jüngere Elefant den älteren Bullen durch seine Nachahmen in Rage bringen, oder war dies nur ein Teil des Kampfrituals? Schließlich trafen beide Kontrahenten mit erhobenem Rüssel aufeinander und verharrten lange Zeit völlig regungslos. Dann schlangen sie die Rüssel umeinander, und jeder versuchte, den Kopf seines Gegners nach unten zu drücken, um so die Oberhand zu gewinnen.

Der jüngere Bulle machte sich los und drängte den älteren mit dem Rüssel ab. Daraufhin wich der Gegner etwas zurück und senkte den Kopf. Dies hätte das Zeichen zum Angriff sein können, statt dessen blieb er aber regungslos stehen. Der jüngere wich zur Seite aus, drehte sich um und wartete, als wüßte er, daß er eine unsichtbare Grenzlinie überschritten hat. In diesem spannenden Moment rissen plötzlich die Wolken auf, und ein Lichtstrahl traf auf beide Elefanten – erst den einen, dann den anderen, und schließlich wurden auch die umstehenden Tiere in ein sanftes Licht getaucht.

Unbeeindruckt von der plötzlichen Helligkeit begannen beide Elefanten, einander zu verfolgen, der eine dicht hinter dem Schwanz des anderen her, bis der vordere irgendwann den Spieß umdrehte, ebenfalls bis zu einem bestimmten Punkt, und sich das Blatt, kurz bevor es zum Kontakt kam, erneut wendete.

Der Grund für den Zwist wurde ersichtlich, als einer der abseits wartenden, scheinbar unbeteiligten Bullen die Gelegenheit ergriff, sich an ein in der Nähe stehendes Weibchen heranmachte und es mit dem Rüssel beroch.

Der junge Bulle wollte sich gerade wieder seinem Gegner zuwenden, als er den neuen Nebenbuhler bemerkte; rasch lief er zu den beiden, allerdings achtete er darauf, daß er seinem Hauptwidersacher nicht zu nahe kam. Kurz darauf war das junge Weibchen, das offensichtlich paarungsbereit war, von vier Bullen umgeben. In der Nähe des Weibchens änderte sich das Verhalten der Bullen beträchtlich, und die aggressive Spannung ließ spürbar nach. Zwar warfen sie noch genauso wie zuvor angespannt den Rüssel in die Höhe oder näherten sich dem Weibchen, doch geschah alles viel sanfter und kontrollierter.

Als die Dunkelheit hereinbrach, konnten wir die Elefanten nicht mehr deutlich erkennen, wohl aber einen letzten Blick auf sie werfen, als ein heller Blitz die Szene für einen Augenblick erleuchtete. Mit gemächlichem Schritt verließen die Elefanten die Ebene und begaben sich in den Schutz des Waldes. Wir sahen auch das junge Weibchen, dicht gefolgt von den vier Männchen – und ganz offenbar war dies noch nicht die Schlußszene der Geschichte ...

Folgende Seiten:
Lautlos und flink springt ein Leopard vom Baum herab.

Karen Ross über Naturschutz

Dr. Karen Ross ist Leiterin der internationalen Naturschutzorganisation
Conservation International in Botswana *und Autorin des Buches* **Okavango, Jewel of the Kalahari.**

Als Peter und Beverly Pickford mich an einem heißen, staubigen Tag darum baten, in einem Kapitel ihres Buches die Gründe und Motive zu beschreiben, warum ich im Naturschutz arbeite, mußte ich erst einmal gründlich nachdenken. Hoppla, eine wirklich gute Frage!

Spontan wollte ich zunächst antworten, der Grund sei, weil ich daran glaube, doch zermarterte ich mir seitdem den Kopf, verfolgte Gedanken und grübelte über die verschiedensten Begründungen nach. An einem schlechten Tag, wenn ich mal wieder eine Wagenpanne im Busch habe, mir bewußt wird, daß mein Konto leer ist, und ich täglich Berichte lesen muß, daß immer mehr Arten verschwinden, dann frage ich mich: »Warum mach' ich das hier überhaupt? Warum schlag ich mich weiter mit dem Frust herum? Warum engagieren wir, denen der Naturschutz am Herzen liegt, uns immer wieder erneut dafür? Letzten Endes kam ich immer wieder auf die gleiche einfache Antwort zurück: »Weil wir daran glauben!«

Das Hauptanliegen von *Conservation International (CI)* – der Organisation, die ich vertrete – besteht darin, »die biologische Vielfalt der Erde zu erhalten und aufzuzeigen, daß Mensch und Natur in Harmonie miteinander leben können«. Es geht nicht so sehr darum, einzelne Arten zu schützen (sei es nun Panda, Tiger oder Elefant), vielmehr ist es sinnvoll, wenn man ganze Ökosysteme schützt; denn dann erhält man auch die riesige Zahl der hier ansässigen Arten. Am wichtigsten ist jedoch, daß man ihre Lebensräume, ihre »Heimat«, bewahrt. Ohne natürliche Lebensräume werden die meisten Arten aussterben, während andere dazu verurteilt sind, zukünftig in Zoos oder anderen von Menschen geschaffenen Lebensräumen zu leben.

Unsere Aufgabe in Botswana ist der Schutz des Okavango-Deltas. Eine häufige Redensart lautet, daß ein Bild mehr sagt als tausend Worte; daher können Sie allein schon durch Betrachten der Fotos in diesem Buch die Schönheit des Deltas und seinen großen Artenreichtum – nichts anderes ist nämlich mit »biologischer Vielfalt« gemeint – erkennen.

Ich arbeite nun schon seit über zehn Jahren im Okavango-Delta und seiner Trabantenstadt Maun, und seine außergewöhnlich schöne Natur hat mich immer wieder inspiriert. Als ich zum ersten Mal aus London hierher kam, um Forschungen für eine Dokumentarreihe der BBC durchzuführen, raubte es mir den Atem. Der Zauber des Okavango ist so subtil wie das Flüstern des Windes; man kann ihn kaum in Worte fassen. Die aus Tausenden von Blau- und Grüntönen zusammengesetzte Szenerie, allein vom leuchtenden Blitzen eines tauchenden Malachiteisvogels durchschnitten. Die Spiegelungen von Seerosen und Schilf, von Wolken und Bäumen erinnern an eine japanische Seidenmalerei. Das nächtliche Konzert der Frösche, das beim Gebrüll eines Löwen abrupt verstummt. Die gedämpfte Stille zur Mittagszeit, nur unterbrochen vom Zwitschern eines Vogels, vom Aufklatschen eines springenden Fisches oder vom Donner abertausend galoppierender Hufen – unberührte Natur, geläutert im Laufe der Jahrmillionen. Ein märchenhafter Ort, der Welt des modernen Menschen entrückt, und dessen Anblick bei jedermann stets Bewunderung hervorruft.

Das Okavango-Delta ist das vielleicht am wenigsten verunreinigte und empfindlichste Feuchtgebiet der Erde, inmitten einer Wüste, auf einem Subkontinent, dem es stets an Süßwasser mangelt. In seinem kleinen, prächtigen Inneren gibt es Vertreter fast der gesamten biologischen Vielfalt Afrikas – von Fischen bis zu Vögeln, Pflanzenfressern bis zu einer Reihe von Fleischfressern; am bedeutendsten ist jedoch, daß hier ein Menschenschlag beheimatet ist, der nach wie vor in Harmonie mit der Natur lebt.

Gleichzeitig aber zählt das Okavango-Delta zu den am

»Unsere Individualität ist alles, was wir besitzen. Manche Menschen tauschen sie gegen die Sicherheit ein, andere unterdrücken sie für etwas, was ihrer Ansicht nach das Beste für die gesamte Gesellschaft ist; doch glücklich ist nur derjenige, der sie unter dem Funkeln des Morgensterns hegt und ihr freien Lauf läßt, in Würde und Liebe und mit Verstand, von Station zu Station folgend auf dem bittersüßen Weg des Lebens.«
Tom Robbins, *Jitterbug Perfume*

wenigsten geschützten Feuchtgebieten der Welt. Nur Dank der hier lebenden Menschen gibt es überhaupt eine Form von gesetzlichen Schutz – nämlich im Moremi-Wildreservat. Warum?

Warum gibt es nur noch so wenig Wildreservate, wo doch so viele von uns die Natur wirklich lieben? Nur wenige unter uns haben Zeit, Gelegenheit oder gar den Wunsch, für deren Erhaltung zu kämpfen. Daher brauchen wir professionelle Naturschützer, die ihr Leben dieser Arbeit mit einem gewissen Kampfgeist widmen. »Kämpfen« ist das entscheidende Wort. Mehr und mehr gelange ich zu der Ansicht, daß Naturschutz heutzutage ein echter Kampf ist; ein Kampf, das zu erhalten, was von den Wildnisgebieten der Welt und der außerordentlichen Vielfalt der Natur noch übriggeblieben ist. Naturschutz hat sich zu einem äußerst riskanten Spiel entwickelt, auf einer internationalen Bühne, wo er zu einem ernsthaften Geschäft geworden ist. Wir müssen auf der gleichen Ebene operieren wie die Kräfte, die für die Zerstörung der Umwelt verantwortlich sind.

Es dürfte wohl kaum bezweifelt werden, daß das Okavango-Delta geschützt werden muß und diesen Schutz auch benötigt. Allerdings gibt es dort draußen eine Menge Menschen, die diese Region lediglich unter wirtschaftlichen Gesichtpunkten betrachten und ihre natürlichen Schätze als Möglichkeit sehen, zu Wohlstand zu gelangen. Die Bedürfnisse dieser Menschen müssen befriedigt werden, und das genau ist der zweite Teil der Botschaft von CI, nämlich »zu zeigen, daß Mensch und Natur in Harmonie leben können« – eine sehr bedeutende, aber auch schwer zu erfüllende Aufgabe.

Als Kind fühlte ich mich sehr zu Tieren hingezogen. Diese Gefühle haben sich nicht verändert. Verändert haben sich hingegen meine Gefühle gegenüber Menschen. Im Laufe der Zeit habe ich meine Mitmenschen weitaus stärker lieben gelernt und glaube mittlerweile, daß Naturschutz von Menschen für Menschen geschaffen wird. Wir alle brauchen die Mannigfaltigkeit und Wunder der Natur, sei es nun in der Medizin, in der Architektur, zur Ernährung oder einfach nur als Sinnesfreude. Weisere Kulturen als unsere heutigen wußten dies bereits: Die Maya, die Indianer und die Buschmänner lebten alle im Einklang mit der Natur und achteten das Leben auf unserem Planeten. Das soll nicht bedeuten, daß sie nicht jagten oder kein Fleisch aßen. Nein, diese Völker taten beides mit Achtung vor anderen Lebewesen, so daß es nicht zu Mißbrauch und Ausnutzung kam, die wir heute als völlig selbstverständlich hinnehmen.

Häufig wird behauptet, daß Naturschutz ein Privileg der Reichen und ein Luxus der westlichen Welt sei. Das trifft nicht zu, insbesondere nicht für unsere Kinder! Das CI-Programm im Okavango-Delta mißt der Erziehung und Bildung große Bedeutung bei. Durch unsere Arbeit habe ich erfahren, daß Kinder ein unvoreingenommen positives Verhältnis zur Natur besitzen; bei unseren Aufklärungsaktionen zum Thema Umwelt kamen wir in der Deltaregion mit Hunderten einheimischer Kinder in Kontakt, die voller Begeisterung für die Natur waren. Vielleicht sind es die brutale Realität des Alltags, Versagen der Politiker, ein Mangel an Hoffnung oder elterlicher Erziehung, die unsere Kinder diese instinktive Begeisterung für die Natur und den Respekt vor ihr vergessen lassen. Unsere Aufgabe sehen wir darin, diese Bewunderung und Achtung wieder zum Leben zu erwecken. Und wenn uns dies bei den Erwachsenen nicht gelingt, können wir es sicherlich über die Kinder erreichen.

Was bedeutet heutzutage Naturschutz wirklich? Der Begriff *per se* hat für verschiedene Leute unterschiedliche Bedeutung, von Grundrechten für Tiere bis hin zu nachhaltiger Nutzung

Gegenüberliegende Seite: *Nur anhand der Rüssel, die aus dem Wasser ragen, sind diese Elefanten, die den Chobe durchschwimmen, überhaupt erkennbar.*
Links: *Im tiefen Wasser des Chobe ersetzen lange Paddel das* ingushi, *das im Flachwasser des Okavango zum Staken verwendet wird.*

natürlicher Ressourcen. Leider ist es offenbar Mode geworden, Naturschützer schlechtzumachen: Den Regierungsorganen kommen sie suspekt vor, Industrie und Wirtschaftsplaner sehen sie als Bedrohung, und die Lobbyisten der nachhaltigen Nutzung betrachten sie von oben herab als realitätsferne Naturromantiker. Selbstverständlich engagiere ich mich nicht im Naturschutz, um Skeptiker und Kritiker zufriedenzustellen.

Die meisten Naturschützer sind heute mehr als nur reine Naturliebhaber; sie wissen vielmehr, daß die Umwelt dringender denn je Repräsentanten braucht. Wie können die Anliegen der Umwelt vertreten werden, wenn diese weder Stimme, noch Gelder oder Wahlrecht besitzt? Ich wollte seit jeher ein Sprachrohr für die Umwelt sein und sehe die gebotene Chance, im Naturschutz arbeiten zu können, als ein Privileg.

Darüber hinaus glaube ich nicht nur an den Naturschutz, ich *muß* ihn einfach in die Tat umsetzen. Denn wir brauchen Naturschutz, damit die Menschen überleben können. Wirtschaftsentwickler sähen es gerne, daß wir uns in der Theorie verrennen würden, daß Naturschutz und Wirtschaftsentwicklung zwei gegeneinander wirkende Kräfte seien. In Wirklichkeit ist dies nicht die entscheidende Frage, sondern vielmehr müßte sie lauten: Können Wirtschaftsentwicklung und Naturschutz zusammengehen oder nicht? Wir müssen einen Weg finden, damit sich beide Fraktionen gemeinsam entwickeln können. Wenn uns das nicht gelingt, werden sie auch gemeinsam zugrundegehen.

Jedes Jahr geht ein weiterer Teil der natürlichen Umwelt verloren. In Afrika zehren Armut und Übervölkerung die wunderbaren natürlichen Ressourcen auf, derweil Rinder und Ziegen an die Stelle der wilden Huftiere treten. Obwohl Botswana mit einem hohen Pro-Kopf-Einkommen (in erster Linie infolge des Diamantenabbaus) und einer geringen Bevölkerungsdichte scheinbar besser dasteht, sind die Aussichten für den Naturschutz hier ebenso düster wie in vielen anderen Teilen der Welt. Auf einer Konferenz in Gaborone im Dezember 1995 trug Dr. Crowe, Abteilungsleiter der staatlichen Umweltbehörde, erschreckende Daten einer Bestandskartierung des *Department of Wildlife* vor: Die Bestände der Wildfauna Botswanas gehen innerhalb der letzten 20 Jahre massiv zurück. Im Süden Botswanas liegen die Verluste innerhalb der Populationen in den Größenordnungen 95 Prozent bei Gnus, 90 Prozent bei Kuhantilopen und 50 Prozent bei Elenantilopen; im Norden nahmen die Kaffernbüffel- und Zebrabestände um 50 Prozent ab, und auch die Bestände der Pferdeantilopen, Rappenantilopen, Sassabys und sonstigen Antilopen gingen deutlich zurück. Lediglich die Elefantenpopulation war angewachsen, und nun wird innerhalb der Behörden in erster Linie darüber diskutiert, wie man diese wieder dezimieren kann!

Wie kam es dazu, daß wir so vieles falsch gemacht haben? Warum gerieten wir in dieses Dilemma, in dem wir heute stecken? Warum hat der Mensch der Natur ein solches Leid zugefügt? Vieles ist an Achtung vor der Natur, an Kontakten mit ihr und an Wissen über sie verloren gegangen, und das alles hat zu diesem Dilemma beigetragen. Wir haben verges-

sen, daß wir auf dieser Welt als Beschützer der Natur leben, und plötzlich kamen wir uns als die Gebieter vor, die über die Geschöpfe der Erde herrschen. Gleichzeitig haben wir die Achtung vor unseren Mitmenschen und vor allem vor dem Leben verloren.

Wenn man in Maun lebt, vergißt man bisweilen, was da draußen vor sich geht. Zusammen mit der neuen Asphaltstraße sind Autos, Kriminalität, Geschäftemacher und Ladenketten mit einem attraktiven Angebot an Waren – die sich im Prinzip jedoch keiner leisten kann – über die Stadt hereingebrochen. Innerhalb weniger Monate wurde das Grenzgebiet zu einem Teil jener Welt, wie sie draußen real ist. Aber nur knapp eine Stunde Fahrt von Maun entfernt findet man im Delta nach wie vor eine unberührte Natur, in der man all jene großartigen Wildtiere Afrikas einschließlich fast sämtlicher afrikanischer Raubtiere antrifft.

So viel ist noch zu erledigen, und so wenig Zeit verbleibt uns noch dazu! Die Aufgaben, die vor uns liegen, sind so gewaltig, daß sogar bedeutende Naturschutzorganisationen wie CI offen zugeben, daß sie selbst an einzelnen Orten kaum von einer Gruppe allein bewältigt werden können.

Unsere moderne, zivilisierte Welt hat bizarre Formen angenommen: Zehnspurige Autobahnen, Überschallflugzeuge, Hochgeschwindigkeitszüge, Neonlicht, Wolkenkratzer, Fastfood, Fernsehen und Internet – all diese Dinge sind fordernd in unser Leben eingedrungen. Doch soviel ist klar – wenn wir nichts unternehmen, werden die Folgen katastrophal sein. Wir *müssen* etwas ändern. Die Menschen müssen wieder neu entdecken, wer sie wirklich sind: Hüter und nicht Beherrscher der Erde. Da die Menschheit das eigentliche Problem ist, stellen wir auch seine Lösung dar. Die Menschen müssen die Achtung und Verantwortung für Leben und Natur wiedererlangen.

Meines Erachtens wird die Naturschutzbewegung dazu einiges beitragen. Selbst wenn die Natur zur Zeit rascher zurückgeht, als der Fortschritt wächst, können wir zumindest feststellen, daß das Bewußtsein der Menschen aufgerüttelt wird, und das ist ganz entscheidend.

Jeder, der sein Leben mit Liebe und Achtung im Herzen lebt, ist ein Naturschützer. Wer Pflanzen mag und Tiere achtet, wer seinen Müll richtig entsorgt, sich grundsätzlich Gedanken macht und auch im kleinen Maßstab bemüht ist, etwas zu verbessern, der kann auch eine Veränderung bewirken.

ELEFANTEN – DIE STILLEN RIESEN AFRIKAS

»Überall beginnt der menschliche Verstand heute wie zum Hohn jene Tatsache zu vergessen, daß die wahre Sicherheit eines Menschen nicht auf seinen alleinige persönlichen Bemühungen beruht, sondern auf dem gemeinsamen Handeln der gesamten Menschheit.«
Fjodor Dostojewski,
Die Brüder Karamasoff

DANKSAGUNG

Jedes Buch entsteht durch die gemeinsame Anstrengung vieler Menschen, und so auch der vorliegende Fotoband. Allen, die uns mal mehr und mal weniger geholfen haben, aber auch jenen Menschen, die Flüsse zum Mittelpunkt ihres Lebens gemacht haben, sind wir von ganzem Herzen dankbar.

Gleich zu Beginn wurden wir von P. J. und Barney Bestelink, Ian Michler und Britt Simpson sehr herzlich im Delta empfangen. Diese vier Personen blieben die ganze Zeit ein Eckpfeiler unserer Arbeit und eine Zuflucht. Vielen Dank auch ihren unermüdlichen Mitarbeitern.

Weiterhin geht unser Dank an Hennie und Angie Rawlinson, deren Freundschaft wir fast über die Gebühr strapazierten, als wir uns bei ihnen in Maun einquartierten, ferner an Dave Hamman und Hélène Heldring, die so vieles selbstlos mit uns teilten, sowie an Jeff und Cathy Rann, deren Camps und Zuhause uns offenstanden und die uns ihre großzügige Freundschaft schenkten.

Danke auch an Chris Kruger von *Wilderness Safaris,* der unser Projekt billigte und uns erste Türen öffnete, an Colin Bell, Chris und Karen McIntyre, Allan Wolfromm und den Rest des dynamischen Teams von *Wilderness Safaris* für die schöne Zeit, den ausgeprägten Humor und die immense Erfahrung.

Ein weiteres Dankeschön geht an den unnachahmlichen Randall Moore und seinen Kommandeur Michael Lorentz sowie ihre stets freundliche und hilfsbereite Belegschaft für die unvergeßlichen Tage bei der Safari auf dem Elefantenrücken sowie die Nächte in Abu. Zwei ganz besonderen Frauen, Win Harrison und Mary Seselamarumo von *Travel Wild,* die an Funk und Telefon saßen und alles ermöglichten, wollen wir an dieser Stelle danken. Danken möchten wir auch Tico McNutt und Lesley Boggs für ihre einzigartige Gastfreundschaft, die sie uns im Busch gewährten, sowie für ihre vielen Ideen; ähnliches gilt für Tony und Rose Hardwick, die uns gastfreundlich in Kasane unterbrachten.

Ein herzlicher Dank auch an alle von *Lloyd's Camp,* deren Liebe und Begeisterung für den Busch nach all den Jahren noch nicht verblaßt ist, sondern sogar noch zunahm. Danke auch an Barry Clarke, der so bereitwillig und engagiert als Pilot auf unsere Wünsche einging.

Weiter möchten wir folgenden Personen danken: Neil und Susie Lumsden für den Flug nach Makgadikgadi und den Transport von Vorräten an unsere ausgefallenen Stützpunkte; Willie Phillips für seine offenen, ehrlichen Kommentare; Barry und Elaine Price vom *Shakawe Fishing Camp* für ein unermüdliches Engagement und Unterstützung; Tim und June Liversedge für vieles, das sie mit uns teilten und uns gaben; Lionel und Phyllis Palmer mit ihrem unerschöpflichen Elan für ihre wunderbare Sammlung von Fotos und die Geschichten, die sie erzählten; Arden Moolman, Mike Penman und Angie Bunyard sowie Karen Ross für alles, was sie uns so bereitwillig gaben; Bev und Derek Joubert sowie Daryl und Sharna Balfour für ihre Gesellschaft und Gastfreundschaft im Busch; den »Musketieren« – Map Ives, Dan Rawson und Mike Watson – für ihr Lachen und ihre Geschichten; den Führern von *Afro Ventures,* die nie an uns vorbeifuhren, ohne uns zu grüßen und uns den Aufenthalt wilder Tiere zu verraten; Patrick und Heather Penstone von *Penstone Safaris*; Brian und Jan Graham und den herzlichen Mitarbeitern von *Linyanti Explorations* für die Möglichkeit, in Selinda zu arbeiten, sowie für ihre Gastfreundschaft und Gesellschaft; Dougie und Di Wright; Chris Preuyt von der *Khwai River Lodge,* der so großzügig war; Cairn Patrick von der *Mowana Lodge,* der alle seine Beobachtungen im Chobe-Nationalpark mit uns teilte – und uns manchmal sogar nur deswegen aufsuchte; Pauline MacManus, die so oft nur wegen uns frustriert war; John Gibson von der *Chobe Game Lodge* für seine Unterstützung; Harry Selby, Frank und Jane Lyons sowie Joe Coogan, daß sie uns so freundlich auf ihrer Safari mitnahmen (das gleiche gilt für Howard Holly und Neil Summers); Peter Holbrow für seinen Esprit und Verstand, Brian für einige Theorien, die wir immer noch nicht verstanden haben, sowie Craig und Nola; der »Zululand Gang« für Abenteuer und Lachen; Janis Lorentz und den Mitarbeitern vom *Okavango Observer* für ihre Hilfe und dafür, daß sie uns Zeitungsausschnitte für dieses Buch zur Verfügung stellten; der Familie Kays, die uns ihre alten Familienfotos zur Verfügung stellte und die dazugehörigen Geschichten berichtete; des weiteren Ronnie Kays, der uns der *kgotla* [Ältestenrat] von Maun vorstellte; Häuptling Tawana II., der uns erlaubte, an der Löwenjagd anläßlich seiner Krönungszeremonie teilzunehmen, sowie Mr. Letsholathebe, der dies ermöglichte. Ihnen allen ein herzliches Dankeschön!

Schließlich wäre das gesamte Buch nicht ohne die Genehmigung und Förderung durch Präsident Masire und das Präsidialamt zustandegekommen.

Das *Department of Wildlife*, insbesondere Nigel Hunter, Mr. Peacock und Mr. Modiso, stellten die nötigen Papiere aus, die unsere Arbeit überhaupt möglich machten. Die Hilfe, die uns in den Schutzgebieten und Nationalparks gewährt wurde, und das dortige Interesse an unserer Arbeit waren von unschätzbarem Wert. Besonderer Dank geht an Jomo Bontshetse und Jackson Thupeng aus Khwai, Moremi, Moksweetsi Komoki und Jim Eves aus Savuti, Cyder Mulanwa und Biki France aus Linyanti und an Mr. Morake und Mr. Matumo aus Chobe. Die Mitarbeiter von *Water Affairs* halfen uns mehrmals aus der Patsche, insbesondere Maybe Mabe, Government Merapoelo und Lecco Letota. Das *Department of Immigration* (Einwanderungsbehörde) war stets geduldig und kooperativ. Die Familie October stellte uns großzügig ihr Cottage in Quoin Point zu Verfügung, wo wir das Buch schreiben konnten.

Bei der Herstellung des Buches steuerte Dennis da Silva vom *Beith Laboratory* seine sachverständige Hilfe bei, Dennis Spring von *Creative Colour Laboratory* stellte sich auf unsere unmöglichen Ansprüche ein, und John Rivett verbrachte viele Stunden in der Dunkelkammer. Kodak Südafrika war der Hauptsponsor für unser Filmmaterial; besonderer Dank geht an John Creighton, der sich sehr für unser Projekt engagierte.

Ein ganz spezieller Dank gilt auch unseren Verlegern Basil van Rooyen und Louise Grantham, die den Mut hatten dieses wortwörtlich »provozierende Buch« in Angriff zu nehmen, unserer talentierten und geduldigen Grafikerin Alix Korte sowie der Lektorin Tracey Hawthorne.

Zu guter Letzt noch ein Dankeschön an unsere Familie »in der Ferne« und an die Familie unserer Freunde, die immer bei uns war!

Für dieses Buch wurden ausschließlich Filme und Fotopapier der Firma Kodak verwendet.

SCHLUSSWORT

Wir haben mit Menschen gesprochen, die es bedauern, daß sich Afrika und seine Natur verändert haben und weiter verändern, und daß nichts mehr so ist, wie es einmal war. Das ist sicher richtig, doch sind und bleiben Veränderungen Teile des menschlichen Wesens. Wir können sie bekämpfen, aber nicht vermeiden. Weiterhin haben wir auch mit Menschen geredet, die gerne das Afrika früherer Tage gekannt hätten. Diesen Wunsch können wir nicht nachvollziehen, da Wünsche uns nur mit Neid erfüllen und wir uns so selbst die Möglichkeit nehmen, die Großartigkeit unserer natürlichen Umwelt zu erkennen. Wir sind jedoch überglücklich, daß wir die Gelegenheit haben, heute zu leben, in einer Welt, in der wir weiterhin Ruhe und Wildnis finden und mitunter sogar völlig allein sein können. Wir glauben ziemlich sicher, daß wir zu den letzten Generationen gehören, die dieses Privileg genießen können, und wir werden es als ganz besonderes Geschenk schätzen.

Links: »Ich habe eine Elefantenherde durch den Urwald wandern sehen ... sie schritten aus, als hätten sie eine Verabredung am anderen Ende der Welt.«
Tania Blixen, *Afrika, dunkel lockende Welt*

INFORMATIONEN FÜR TOURISTEN

TELEFON

Internationale Vorwahl für Botswana: +267
Internationale Vorwahl für Südafrika: +27

CAMPS UND SAFARI-VERANSTALTER

DESERT AND DELTA SAFARIS
Chobe Game Lodge, PO Box 32, Kasane, Botswana
Tel.: Kasane 65-0340 Fax: Kasane 65-0280/65-0223

GAMETRACKERS
PO Box 100, Maun, Botswana
Tel.: Maun 66-0302 Fax: Maun 66-0153

GUNN'S CAMP
Private Bag 33, Maun, Botswana
Tel.: Maun 66-0023 Fax: Maun 66-0040

HARTLEY'S SAFARIS
Private Bag 48, Maun, Botswana
Tel.: Maun 66-0528 Fax: Maun 66-0528

KER & DOWNEY
PO Box 40, Maun, Botswana
Tel.: Maun 66-0211 Fax: Maun 66-0379

LINYANTI EXPLORATIONS
PO Box 22, Kasane, Botswana
Tel.: Kasane 65-0505 Fax: Kasane 65-0352

LLOYD'S CAMP
PO Box 37, Maun, Botswana
PO Box 2490, Fourways 2056, Südafrika
Tel./Fax: Johannesburg (11) 462-5131

MOREMI SAFARIS
Private Bag 26, Maun, Botswana
PO Box 2757, Cramerview 2060, Südafrika
Tel./Fax: Johannesburg (11) 465-3779

OKAVANGO TOURS AND SAFARIS
PO Box 39, Maun, Botswana
Tel.: Maun 66-0220/339 Fax: Maun 66-0589

UNCHARTERED AFRICA SAFARI CO.
JACKS CAMP AND OVERLAND SAFARIS
PO Box 173, Francistown, Botswana
Tel.: Francistown 21-2277
Fax: Francistown 21-3458

WILDERNESS SAFARIS
Private Bag 14, Maun, Botswana
Tel.: Maun 66-0086 Fax: Maun 66-0632

SPEZIALSAFARIS

AFRO VENTURES
PO Box 323, Kasane, Botswana
Tel.: Kasane 65-0119 Fax: Kasane 65-0456

ELEPHANT-BACK SAFARIS
Private Bag 332, Maun, Botswana
Tel.: Maun 66-1260 Fax: Maun 66-1005

HARRY SELBY HUNTING SAFARIS
Private Bag 332, Maun, Botswana
Tel.: Maun 66-0362

NXAMASERI FISHING LODGE
Private Bag 23, Maun, Botswana
Tel.: Maun 66-1671 Fax: Maun 66-1672

OKAVANGO HORSE SAFARI
Private Bag 23, Maun, Botswana
Tel.: Maun 66-1671 Fax: Maun 66-1672

PENSTONE SAFARIS
PO Box 330, Maun, Botswana
Tel.: Maun 66-0351 Fax: Maun 66-0571

RANN HUNTING SAFARIS
PO Box 248, Maun, Botswana
Tel./Fax: Kasane 65-0433 Maun 66-1323

OKAVANGO WILDERNESS SAFARIS
Private Bag 14, Maun, Botswana
Tel.: Maun 66-0086 Fax: Maun 66-0632

CHARTER-FLUGGESELLSCHAFTEN

DELTA AIR
PO Box 39, Maun, Botswana
Tel.: Maun 66-0220/339 Fax: Maun 66-0589

SEFOFANE AIR
Privat Bag 159, Maun, Botswana
Tel./Fax: Maun 66-0778

Originalausgabe © 1999:
New Holland Publishers (UK) Ltd.
24 Nutford Place, London W1H 6DQ, England

Text © 1999: Beverly und Peter Pickford
Karten: Tessa van Schaik
Layout: Alix Korte für Design Dynamix
Originaltitel: The Miracle Rivers. The Okavango & Chobe of Botswana.

Alle Rechte vorbehalten. Jede Verwertung des vorliegenden Buches ist ohne Zustimmung des Verlages unzulässig und strafbar. Dies gilt insbesondere für Vervielfältigungen, Übersetzungen, Mikroverfilmungen und die Einspeicherung und Verarbeitung in elektronischen Systemen.

© 2000 für die deutsche Ausgabe:
Könemann Verlagsgesellschaft mbH, Bonner Str. 126, D-50968 Köln

Übersetzung: Andreas Held, Eberbach
Lektorat: Gerald Bosch, Düsseldorf
Schlußredaktion: Dr. Wernher Laufer, Göttingen, für Gerald Bosch
Satz: Theo Spangenberg, Neunkirchen, für Gerald Bosch

Projektkoordination: Ulrich Ritter
Herstellung: Ursula Schümer

Druck und Bindung: Tien Wah Press (PTE) Ltd.
Printed in Singapore

ISBN 3-8290-3576-4

10 9 8 7 6 5 4 3 2 1

Zitate

Okavango Observer (Tageszeitung in Maun)
Blixen, Tania: *Afrika, dunkel lockende Welt.* 5. Aufl., Manesse, Zürich, 1986.
Dostojewski, Fjodor: *Die Brüder Karamasoff.* 4. Aufl., Piper, München, *1994.*
Frost, Robert: *Der unbegangene Weg.* Aus: *Gedichte.* Langewiesche-Brandt, Ebenhausen, 1963,
Gary, Romain: *Les Racines du Ciel.* Gallimard, Paris, 1926.
Graham, Alistair: *Eyelids of Morning.* Chronicle, San Francisco, 1990.
Kundera, Milan: *Die unerträgliche Leichtigkeit des Seins.* 12. Aufl., Carl Hanser, München, 1987.
Leopold, Aldo: *Am Anfang war die Erde.* ›Sand County Almanac‹. Knesebeck, München, 1992.
Lopez, Barry: *Arktische Träume. Leben in der letzten Wildnis.* dtv, München, 1989.
Matthiessen, Peter: *The Tree, Where Man Was Born.* William Collins, London, 1972.
Nicol, Mike: *West Coast.* Struik, Kapstadt, 1991.
Robbins, Tom: *Pan Aroma.* rororo, Reinbek, 1985.
Robbins, Tom: *Skinny Legs and All.* Bantam, New York, 1990.

Bildnachweis

Bildrechte für Beverly und Peter Pickford bei
Focal Point Tel: +27-11-463-5853
Phyllis und Lionel Palmer: S. 28 links; S. 57 rechts; S. 132 unten links
Familie Kays: S. 28 rechts; S. 29; S. 57 links; S. 128/129 oben;
S. 152 oben und unten; S. 153 Mitte und unten
Douglas Wright: S. 134
Horst Klemm: S. 207